新发展格局下的区域人才一体化：理论与实践

刘帮成 张 莹 陈鼎祥 著

XINFAZHAN GEJU XIA DE
QUYU RENCAI YITIHUA
LILUN YU SHIJIAN

上海交通大学出版社
SHANGHAI JIAO TONG UNIVERSITY PRESS

内容提要

区域一体化旨在通过对区域内全要素的整合和优化，来支持高质量发展和实现共同富裕。人才作为第一战略性资源，是支撑区域一体化高质量快速推进的关键要素。区域人才一体化既是区域一体化发展的内在要求，更是落实中央人才工作会议精神，支撑区域一体化发展的重要保障，同时也是检验区域一体化成效的重要标准。本书关注新发展格局下的区域人才一体化议题，从理论和实践两个角度对区域人才一体化进行探索性理论研究，并结合长三角一体化示范区内近三年来的人才一体化实践进行反思，为新发展格局下的区域人才一体化高质量发展和实现共同富裕出谋划策。本书适合人力资源管理等相关专业人员阅读。

图书在版编目(CIP)数据

新发展格局下的区域人才一体化：理论与实践／刘帮成，张莹，陈鼎祥著. —上海：上海交通大学出版社，2021.12

ISBN 978 - 7 - 313 - 26002 - 4

Ⅰ.①新… Ⅱ.①刘… ②张… ③陈… Ⅲ.①长江三角洲—人才培养 Ⅳ.①C924.245

中国版本图书馆 CIP 数据核字(2021)第 249489 号

新发展格局下的区域人才一体化：理论与实践

XINFAZHAN GEJU XIADE QUYU RENCAI YITIHUA：LILUN YU SHIJIAN

著　　者：刘帮成　张　莹　陈鼎祥			
出版发行：上海交通大学出版社	地　　址：上海市番禺路 951 号		
邮政编码：200030	电　　话：021 - 64071208		
印　　制：当纳利(上海)信息技术有限公司	经　　销：全国新华书店		
开　　本：710 mm×1000 mm　1/16	印　　张：8.5		
字　　数：101 千字			
版　　次：2021 年 12 月第 1 版	印　　次：2021 年 12 月第 1 次印刷		
书　　号：ISBN 978 - 7 - 313 - 26002 - 4			
定　　价：45.00 元			

自　　序

　　当前我国正在向全面建成社会主义现代化强国的第二个百年奋斗目标迈进,各项事业正遵照"三新一高"(即立足新发展阶段、贯彻新发展理念、构建新发展格局,推进高质量发展)要求有序推进,面对百年未有之大变局,粤港澳大湾区、长三角一体化、京津冀协同发展、成渝双城规划等旨在实现区域一体化的重大战略布局被寄予厚望。区域一体化高质量发展的重要表征和基础是区域内人才要素的一体化发展程度。2021年9月底召开的中央人才工作会议上,习近平总书记强调,"当前我们比历史上任何时期都更加渴求人才"。人才是衡量一个国家综合国力的重要指标,也是决定一个区域综合实力的战略要素。除具备高价值外,人才要素的另外一个显著特征是具备极强的能动性,对区域内人才生态环境的反应异常灵敏。中央人才工作会议明确要求"必须把握战略主动,做好顶层设计和战略谋划",进一步深化人才发展体制机制改革,加快夯实人才资源竞争优势。习近平总书记在中央人才工作会议上明确要求用人主体要发挥主观能动性,增强服务意识和保障能力,根据需要和实际向用人主体充分授权,发挥用人主体在人才培养、引进、使用中的积极作用。中共中央《关于深化人才发展体制机制改革的意见》

也强调，要打破户籍、地域、人事关系等制约，健全人才要素顺畅流动机制，促进区域人才资源合理流动、有效配置。人才一体化是区域内各用人主体发挥主观能动性、主动增强人才服务意识和提升人才保障能力的一项政策和制度创新，主要目的是在特定区域内实现人才这一战略要素的有序、自由流动，其既是区域一体化发展的重要基础和内在要求，又是检验区域一体化成效的重要指标。可以说，区域人才一体化发展程度是特定区域内高质量发展和共同富裕的关键。鉴于此，区域人才一体化作为我国"三新一高"要求下的一项政策和制度创新，值得深入研究。

就目前掌握的情况来看，无论是学术界还是实践界，有关区域人才一体化的关注和研究还比较少。恰逢长三角一体化发展上升为国家战略三周年之际①，结合团队之前受邀对长三角生态绿色一体化发展示范区内人才一体化发展情况的调查研究，我们从理论和实践两个方面对区域人才一体化发展进行系统性、探索性研究，并在此基础上就如何有效推动区域人才一体化发展建言献策。需要强调的是，作为一种发展中的实践和政策创新，区域人才一体化发展正在快速演化中，有关区域人才一体化发展的新经验、新问题和新趋势需要持续关注、总结和反思。本书仅是基于本团队近年来的研究和思考的初步总结和汇报，期待能起到抛砖引玉的效果，并希望能引起学术界和实践界对这一重要问题的更多关注和研究。

谨此与诸君共勉！

刘帮成

于上海徐家汇

---

① 2018年11月5日，习近平总书记在首届中国国际进口博览会上宣布，支持长江三角洲区域一体化发展并上升为国家战略。

前　言

　　面对百年未有之大变局，习近平总书记在多个场合强调，要加快形成以"国内大循环为主体、国内国际双循环相互促进"的新发展格局。党的十九届五中全会指出，要形成强大国内市场，构建新发展格局。区域一体化是助推国内大循环、构建强大国内市场的重要一环。通过对区域内全要素的整合和优化，区域一体化对践行高质量发展、实现共同富裕具有重大战略意义。某种程度上讲，区域一体化是当前国内最具活力和现实意义的经济发展和组织形式。

　　2021 年秋中央人才工作会议上，习近平总书记强调，"当前我们比历史上任何时期都更加渴求人才"。综合国力竞争说到底是人才竞争。人才是衡量一个国家综合国力的重要指标，也是决定一个区域综合实力的战略要素。根据诺贝尔经济学奖获得者简·丁伯根（Jan Tinbergen）的观点，区域一体化是通过区域之间的相互协作与统一，将阻碍经济活动有效运作的因素加以弱化、消除，以创造出最优要素配置和高效能的区域。人才作为能动性极强的战略性资源，是支撑区域一体化高质量快速推进的关键要素。优化区域内全要素配置程度，特别是特定区域内人才这一战略要素的一体化程度是助推和加快特定区域协调高质量发展的重要手段。

中央人才工作会议明确要求"必须把握战略主动，做好顶层设计和战略谋划"，进一步深化人才发展体制机制改革，加快夯实人才资源竞争优势。习近平总书记在中央人才工作会议上要求用人主体要发挥主观能动性，增强服务意识和保障能力，根据需要和实际向用人主体充分授权，发挥用人主体在人才培养、引进、使用中的积极作用。

人才一体化根本上讲是区域内各用人主体（往往由政府行政部门牵头）发挥主观能动性、主动增强人才服务意识和提升人才保障能力的一项政策和制度创新，既是区域一体化发展的重要保障和内在要求，又是检验区域一体化成效的重要标准。可以说，区域人才一体化程度是区域一体化发展的关键。

为此，有效促进人才一体化发展和有效流动已逐渐成为公共政策和管理领域的核心关切，比如《国家中长期人才发展规划纲要》中明确指出，要加快人才一体化开发进程，引导各类人才合理分布。中共中央《关于深化人才发展体制机制改革的意见》也明确提出，要打破户籍、地域、人事关系等制约，健全人才要素顺畅流动机制，促进区域人才资源合理流动、有效配置。中共中央和国务院发布的《关于构建更加完善的要素市场化配置体制机制的意见》更直接地从要素市场配置角度，提出从深化户籍制度改革、畅通劳动力和人才社会性流动渠道、完善技术技能评价制度、加大人才引进力度等方面引导劳动力要素合理畅通有序流动。国民经济和社会发展"十四五"规划和二〇三五年远景目标提出"推进京津冀协同发展、长江经济带发展、粤港澳大湾区建设、长三角一体化发展，打造创新平台和新增长极"。最近召开的中央人才工作会议更明确指出，综合考虑，可以在北京、上海、粤港澳大湾区建设高水平人才高地，一些高层次人才集中的中心城市也要着力建设吸引和集聚人才的平台，开展人才发展体制机制综合改革试点。区域人才一体化作为我国新发展格局下的一项区域人才政策和制度创新,需要加强深入研究。

　　基于上述认识,本研究将从理论和实践两个维度进行尝试研究,在介绍区域人才一体化的内涵及理论的基础上,构建了评价区域人才一体化发展程度的框架模型,并以长三角生态绿色一体化发展示范区(以下简称"示范区",即包括上海的青浦区、江苏的吴江区以及浙江的嘉善县等三地)人才一体化发展实际为例,探索评价示范区人才一体化发展状况,并在此基础上就如何有效推动特定区域人才一体化发展建言献策。

　　需要指出的是,作为一种新的实践创新,新发展格局下的区域人才一体化正在快速演化中,有关区域人才一体化的新动态、新进展和新经验需要持续关注、总结和反思,以便能更有效地为新发展格局下的区域一体化高质量发展所需要的人才资源提供相应的政策建议和管理启示。

CONTENTS 目　　录

1 背景、动因与价值

在"三新一高"指引下,我国正向全面建成社会主义现代化强国的第二个百年奋斗目标砥砺前进,面对百年未有之大变局,粤港澳大湾区、长三角一体化、京津冀协同发展、成渝双城规划等旨在实现区域一体化的重大战略布局被寄予厚望。人才作为第一战略资源,是区域一体化高质量发展和共同富裕的关键。习近平总书记在中央人才工作会议上强调,"当前我们比历史上任何时期都更加渴求人才"。作为一项政策和制度创新,区域人才一体化旨在特定区域内实现人才这一战略要素的有序、自由流动,其既是区域一体化发展的重要基础和内在要求,又是检验区域一体化成效的重要指标。鉴于此,区域人才一体化作为我国一项演进中的政策和制度创新,值得深入研究。

1.1 新形势下的新任务

近年来,"逆全球化"态势明显,贸易保护主义、单边主义抬头,而突如其来的新冠肺炎疫情更加剧了这种趋势,全球产业链、供应链断裂风险陡然上升,我国经济社会的发展面临的外部环境不稳定性、不确定性增加。面对百年未有之大变局和经济社会发展的新阶段和新任务(即常说的"三新一高",新发展阶段、新发展理念、新发展格局和高质量发展),中国将发展的目光转向国内,以满足内需作为稳定经济发展的出发点与落脚点,以扩大内需作为促进经济增长的重要途径。2020 年 5 月以来,党中央多次提出"以国内大循环为主体、国内国际双循环相互促进的新发展格局"的新战略部署,是激发我国发展潜力的战略选择,也是应对百年未有之大变局的重大战略调整。"双循环"并非两个独立运行的循环体系,而是相互联系、支持、补充,力争实现"1+1>2"的效应,提升区域整体影响力、竞争力,更好地引领经济社会高质量可持续发展。

当今的地球村,世界各国都处于全球化的生产网络之中,一个国家难以依靠自身资源制造出满足本国需求的所有产品,一个国家产业链、供应链的国际市场配置是顺应全球经济发展的必然结果。中国的发展更是如此,巨大经济成就的取得离不开全球化带来的各种发展机遇,因此,我国未来要实现稳定、持续、高质量的发展,离不开开放的市场与环境,需要更加积极参与国际大循环,充分发挥国际大循环的带动和优化作用,同时又要调整参与国际大循环的方式,更加注重在国际大循环中把握主动性。毋庸置疑,国内大循环在"双循环"中处于主体地位,是国际大循环的基础和保证,发挥着引擎和带动作用。面对国内、国际复杂多变的市场形势,要充分利用内需优势,激发内需市场,推动国内产业链不断升级,建立起有效的国内经济循环体系。从国际形势来看,通过夯实国内大循环,提升国内产业链供应链的安全与稳定,增强抵御国际环境复杂变化的经济发展韧性。从国内发展来看,国内大循环的构建需要以优先满足国内需求导向来调整供给方向,大力推进供给侧结构性改革,逐渐实现生产和需求结构相匹配,同时更加注重创新的核心作用,不断推动产业链整体升级。

当前,我国不同地区间产业联动和动能传导较弱,呈一个个"孤岛"状态,国内大循环难以成型,也无法与国际大循环实现有效互动。因此,实现两个循环的相互支持、相互补充,更好地引领国内经济社会高质量发展,要充分打通国内循环的堵点和内外循环互动的关键节点,由地区间项目协同走向区域内部一体化制度创新,畅通区域要素循环,形成区域发展合力,建立起更大范围的一体化市场,在以国内大循环为主体、国内国际双循环相互促进的新发展格局中实现更大作为。借用医学领域血液循环的概念来说,驱动生产要素流动的各种变革,如制度变革、技术变革等是心脏,为"双循环"发展提供动力;连接生产、分配、流动、消费等环节的基础设施是血管,是"双循环"发展的通路;人、资金、技术等生产要素是血液,是"双循环"中有序自由流动的对象。

1.2 区域人才一体化:新形势下的战略构想

面对新形势下的新的发展任务,区域一体化无疑将是助力"双循环"的一个有力举措,即通过特定区域内日益畅通的"小循环"来促进国内大循环,进而推动国内国际"双循环"。区域一体化旨在通过消除区域内经济和非经济壁垒,整合和优化配置区域内劳动力、资本、技术、信息等生产要素,对在高质量发展中促进共同富裕具有重大战略意义。

区域一体化构想正在神州大地上积极探索和稳步推进,如京津冀协同发展、粤港澳大湾区建设、长三角一体化等。国民经济和社会发展"十四五"规划和二〇三五年远景目标明确提出"推进京津冀协同发展、长江经济带发展、粤港澳大湾区建设、长三角一体化发展,打造创新平台和新增长极"。

2016 年 3 月,我国"十三五"规划中明确提出"支持港澳在泛珠三角区域合作中发挥重要作用,推动粤港澳大湾区和跨省区重大合作平台建设"。同月,国务院印发《关于深化泛珠三角区域合作的指导意见》,明确提出"进一步完善合作发展机制,加快建立更加公平开放的市场体系,推动珠江—西江经济带和跨省区重大合作平台建设，促进内地九省区一体化发展，深化与港澳更加紧密的合作，构建经济繁荣、社会和谐、生态良好的泛珠三角区域"，强调"广州、深圳携手港澳，共同打造粤港澳大湾区，建设世界级城市群"。2017 年 7 月，《深化粤港澳合作 推进大湾区建设框架协议》正式签署。党的十九大报告中明确提出"要支持香港、澳门融入国家发展大局，以粤港澳大湾区建设、粤港澳合作、泛珠三角区域合作等为重点，全面推进内地同香港、澳门互利合作，制定完善便利香港、澳门居民在内地发展的政策措施"。2019 年 2 月，中共中央、国务院印发《粤港澳大湾区发展规划纲要》，指导粤港澳大湾区当前和今后一个时期的合作发展。

2018 年 11 月，习近平总书记在首届中国国际进口博览会上宣布"支持长江三角洲区域一体化发展并上升为国家战略，着力落实新发展理念，构建现代化经济体系，推进更高起点的深化改革和更高层次的对外开放，同'一带一路'建设、京津冀协同发展、长江经济带发展、粤港澳大湾区建设相互配合，完善中国改革开放空间布局"。2019 年 3 月，李克强总理在政府工作报告中指出：将长三角区域一体化发展上升为国家战略，编制实施发展规划纲要；同年 12 月，中共中央、国务院印发《长江三角洲区域一体化发展规划纲要》，明确要求长三角三省一市要加强跨区域协调互动，提升都市圈一体化水平。2020 年 8 月，习近平总书记在扎实推进长三角一体化发展座谈会上指出，要深刻认识长三角区域在国家经济社会发展中的地位和作用，将其放在国家区域发展总体战略布局中进行统筹谋划，率先形成新发展格局，勇当我国科技和产业创新的开路先锋，加快打造改革开放新高地。

包括最近提出的"成渝双城经济圈规划"设想，都是面对新形势主动出击的一种具体体现，可以预测区域一体化将成为我国经济社会发展的新动能。因此，如何充分发挥区域联合体的累积效应和扩散效应,构建城市布局更加合理、市场高度开放、产业结构互补、信息资源共享的区域共同体,对于推动我国国内大循环体系的形成、构建强大国内市场有巨大的战略意义。

　　人才资源是一个区域综合实力的关键要素。区域人才一体化发展直接关系到区域协调发展能否顺利进行。现阶段,我国地区间人才资源分布不均,地区间发展差距越来越大,呈现两极化。因此,缩小区域发展差距,实现区域可持续高质量发展,人才工作需要由各自为阵走向共享合作,以人才协同促进发展协同,通过人才的有序流动带动资源、技术、知识等流动,更大限度地发挥人才的创新创造动能。打破区域内户籍、地域、身份、学历、人事关系等限制,探索区域高端人才政策共享模式,盘活人才存量,实现区域内人才的自由流动和优化配置。可以说,人才一体化是区域一体化发展的内在要求,是支撑区域一体化发展的重要保障,也是检验区域一体化成效的重要标准。

　　与其他生产要素相比,人才资源的能动性既是其优势更有其劣势,特别是在人才一体化政策和管理方面带来了许多现实挑战,某种程度上讲,特定区域人才一体化程度决定了该区域一体化发展的水平。针对区域人才一体化,国家也发布了一系列政策文件,畅通人才流动渠道,助力区域协调发展。《国家中长期人才发展规划纲要(2010—2020)》明确指出,要畅通人才流动渠道,推动区域人才协调发展,促进人才资源的有效配置。特别是要建立与发展战略相匹配的区域人才交流合作机制,加快区域人才一体化开发进程,引导各类人才合理分布。中共中央《关于深化人才发展体制机制改革的意见》也明确提出破除人才流动的障碍,要打破户籍、地域、身份、学历、人事关系等制约,改革落户制度、人事档案管理信息化建设、完善社会保险关系转移接续等,健全人才要素顺畅流动机制,促进区域人才资源合理流动、有效配置。最近中共中央和国务院发布的

《关于构建更加完善的要素市场化配置体制机制的意见》更直接地从要素市场配置角度，提出从深化户籍制度改革、畅通劳动力和人才社会性流动渠道、完善技术技能评价制度、加大人才引进力度等方面引导劳动力要素合理畅通有序流动。

随着国内多个区域一体化实践上升为国家战略，优化区域内全要素配置程度，特别是区域内人才这一战略要素的一体化程度是助推和加快区域一体化高质量发展的重要手段。如针对长三角区域一体化发展，中共中央和国务院发布了《长江三角洲区域一体化发展规划纲要》，明确指出要促进人才要素市场一体化，建立统一开放的人力资源市场，实现人才在区域间有效流动和优化配置。近期习近平总书记在扎实推进长三角一体化发展座谈会上强调，实施长三角一体化发展战略要紧扣一体化和高质量两个关键词，以一体化的思路和举措打破行政壁垒、提高政策协同，让要素在更大范围畅通流动。

1.3　研究价值

对新形势下的区域人才一体化进行研究，出于以下多方面的考虑：

第一，区域人才一体化作为一个相对新颖的研究领域，通过分析紧密关联的核心概念（"区域""人才""一体化"），可以把握区域人才一体化的概念内涵和外延，即区域人才一体化是一个包含宏观、中观、微观的多层次的概念体系。同时，区域人才一体化呈现动态性和系统性，需要根据区域发展需要和现实状况，逐步调整实现，并且关注各个环节之间的衔接与完整性。此外，区域人才一体化的核心是人才的"有序自由"流动，需要根据区域分工和发展需要，合理有效配置人才资源，进而实现区域与人才的共同发展。

第二，探讨区域人才一体化的理论渊源。关于区域一体化的研究成果比较丰富,从政治学、经济学、公共政策与管理学等不同学科视角分析了区域一体化进程,其中多有涉及人才一体化。比如经济学领域关于共同市场的研究往往关注人才作为生产要素的自由流通,认为允许人才在共同市场内自由流动的直接结果就是人才价格在一体化区域内趋于或完全实现一致。这种要素价格的均等化会导致不同行业收入分配的变化,之前要素收入高的行业会出现下降,反之则出现上升。又如政治学受行为主义的影响,提出区域一体化要在区域人口之间形成一种"共同体意识"或认同感,强调组成一体化区域的各部分具有共同的价值观。再比如公共政策与管理学领域往往注重从体制障碍分析和优化建议的角度分析区域人才一体化合作的逻辑起点,比如制度性集体行动理论对地方政府间合作进行了系统分析,分析了制度性集体行动的困境,从合作收益、交易成本与合作风险等方面深入分析如何达成制度性集体行动,并提供了破解制度性集体行动困境的合作机制。这些来自不同学科领域的研究为理解区域人才一体化提供了理论基础。

第三,构建评价区域人才一体化的框架模型和指标体系。本研究从人才政策和管理的全过程视角,依据系统性、可操作性、主观与客观相结合等基本原则,构建区域人才一体化评价框架模型和指标体系。并且以示范区为例,综合评估示范区人才一体化发展状况。科学、系统地评价区域人才一体化程度,对于了解人才一体化的发展现状,明确取得的成绩及存在的不足具有参考价值。

第四,聚焦示范区人才一体化的实践分析有利于深入分析长三角一体化进程中存在的问题及取得的成果,通过人才要素畅通带动其他生产要素,驱动区域一体化高质量快速推进,用区域内日益畅通的"小循环"来促进国内大循环,进而推动国内国际"双循环"。一方面,示范区人才一体化进程中存在的问题,可以作为其他地区人才一体化发展中重点关注的方面,避免同类问题的出现;另一方面,示范区一体化制度创新的成果，能够形成一批可复制可推广的经验供其他地区参考，充分发挥示范引领更高质量一体化发展的标杆作用。

第五，区域人才一体化的研究有助于推动我国国内大循环为主体、国内国际双循环相互促进的新发展格局。作为支撑区域一体化高质量快速推进的关键要素，区域人才一体化发展直接关系到区域一体化发展的顺利实现。在评估当前我国区域人才一体化存在的问题的基础上，可优化政策、精准施策，助推区域人才一体化发展，畅通人才要素循环，进而打通国内循环的堵点和国内国外双循环互动的关键节点，对于推动新形势下的高质量发展具有重要指导意义。

2 内容安排及研究方法

聚焦"三新一高"要求下的区域人才一体化发展议题,本研究将从理论和实践两个方面对区域人才一体化发展进行系统性、探索性研究,并就如何有效推动区域人才一体化发展建言献策。具体来说,本研究既关注核心概念内涵、又探究理论渊源,同时也注重对长三角一体化示范区内的人才一体化发展状况进行盘点。调查和研究过程中,注重综合运用政治学、经济学、公共政策与管理学等多学科基础,将理论研究与现场调查相结合,基于二手数据和一手数据全面分析,并进行静态横向比较和动态纵向研究,力图从理论、实践和政策角度对区域人才一体化进行深入研究。

2.1 内容安排

区域人才一体化,既是一个理论问题,也是一个实践问题,因此既需要理论研究,也需要实证分析,需要理论与实践相结合进行整体性、系统性的研究。

理论部分,本研究主要从区域人才一体化的理论基础入手,明晰人才、区域、一体化等概念,探讨了区域人才一体化的内涵与特征,并对人才共享、人才流动、人才聚集等人才一体化的相关概念进行了辨析。同时,从政治学、经济学、公共政策与管理学等不同视角深入分析了区域人才一体化的理论渊源。在此基础上,从人才政策和管理的全过程视角,建构了评价区域人才一体化的框架模型和指标体系。

实践部分,本研究主要从我国区域人才一体化的实践现状入手,遵循评价体系构建的"SMART"(即 S＝具体,M＝可衡量,A＝可实现,R＝相关,T＝有时限)原则,并以"示范区"为例,系统评估"示范区"人才一体化的发展状况。在此分析的基础上,指出区域人才一体化存在的主要问题,并就进一步的政策优化建言献策。

本研究旨在围绕区域人才一体化这一核心议题,通过理论研究和实证检测,试图形成了一个整体性、全面性阐释区域人才一体化的框架模型和评价体系。具体地,本研究核心部分内容安排如下:

在绪论和介绍本研究的背景、动因与价值的基础上,第三章"理解区域人才一体化",从区域人才一体化密切关联的基础概念细化分析入手,具体分析了每个概念所具有多层次含义,进而理解区域人才一体化的多层次内涵。并从人才作为重要的生产要素入手,由区域经济一体化概念出发,结合人才要素的特征,提出区域人才一体化的概念,归纳总结出多层次、动态性、整体性、有序自由流动、共同发展等区域人才一体化特征。同时,为明确区域人才一体化的概念边界,深入比较了人才共享、人才流动、人才聚集等内涵相近的概念。

第四章"区域人才一体化发展的理论基础"。为深入理解区域人才一体化这个相对新颖的实践问题,有必要对相关理论进行梳理。本部分将从多学科视角入学,特别是借鉴政治学、经济学、公共政策与管理学等学科中与区域人才一体化相关的典型理论,进行回顾。具体来说,本部分着重介绍新功能主义、政府间主义、人力资本理论、共同市场理论以及制度集体行动框架。

第五章"构建评价区域人才一体化框架模型及指标体系",从人才政策和管理的全过程视角,参考世界银行、世界经济论坛等相关报告,构建了基于客观和主观多元评价的区域人才一体化发展评价框架,并通过理论专家论证和实务专家研讨,进一步完善评价指标体系。

第六章"示范区人才一体化:基于重点人才群体主观感知评估"。主要对示范区内重点园区、重点行业的重点人才群体进行匿名问卷调研,以在示范区内生活、工作和发展的企业工作人员为主要调研对象。邀请调研对象根据自己在示范区生活和发展的实际感受,对人才服务一体化、人才管理一体化的各项工作做出评价,同时,调研对象从人才一体化工作推进的信心、推介行为、未来工作意愿、一体化工作满意度等方面进行了总体感知评估。

第七章"示范区人才一体化:基于客观数据的评估"。主要依据客观统计数据对示范区人才一体化的发展态势展开评估,聚焦长三角上升为国家战略的时间,采集 2018 年、2019 年和 2020 年示范区人才一体化发展的相关统计数据。既评估总体发展水平,也评估人才一体化评价体系在不同维度的具体表现,在了解示范区当前人才一体化发展现状的同时,深入分析示范区推动以来不同维度的发展速度与潜力,为未来的人才一体化工作提供更加精准的指引。

第八章"人才一体化综合指数测定:以示范区为例"。基于构建的区域人才一体化评价指标体系,对人才一体化综合指数进行测定,并从人才综合实力、人才服务一体化、人才管理一体化、人才交流一体化四个方面进行评估。为增强评价体系的科学性与可比性,在选择和设定指标数据的过程中,综合参考世界银行、世界劳工组织、国家层面的改革和发展规划纲要、国家统计年鉴等数据,科学设定各指标的目标值。

第九章"推进区域人才一体化发展的政策建议"。主要依据问卷调研、统计数据、访谈、新闻报告等多来源信息对当前人才一体化发展过程中的取得的成效及存在的问题进行系统分析。在此基础上，依据系统性、战略性、实证性等原则，提出要从多个方面有针对性地优化政策，提升区域人才一体化水平，如完善区域人才一体化的协调机制、深化区域产业结构协同、优化人才生活环境、构建人才的市场调配机制、深化人才一体化服务体系、深化人才认定改革、建立人才信息共享平台、推动区域共同体意识的构建等。

2.2　研究方法

对区域人才一体化的观察视角不同，或将其置于不同的背景环境中进行分析，往往会有不同的解读。本研究在综合参阅了政治学、经济学、公共政策与管理学等学科相关研究基础上，基于人才是第一资源的战略认同，结合区域经济一体化理论、人力资本理论、制度性集体行动理论等对区域人才一体化的理论和实践进行分析。本研究综合运用多种方法来进行，具有以下几个特点：

2.2.1　理论讨论与实践评估相结合

区域人才一体化，既是一个理论问题，也是一个实践问题，因此既需要理论研究，也需要实证分析，需要理论与实践相结合进行整体性、系统性的研究。理论是指导实践的基石，理论的价值在于能够有效地指导实践。同时，实践分析应该以理论为指导，如果没有理论的指导，实践分析就会陷入盲目之中。本研究结合区域经济一体化理论、人力资本理论、制度性集体行动理论等构建了区域人才一体化的分析框架，并基于 I-P-O(即输入-过程-产出)过程理论模型构建了区域人才一体化评价体系。在分析框架和评价体系的指导下，基于示范区人才一体化实践现状进行评估，并据此提出相应的政策建议。

2.2.2　定性研究与定量研究相结合

本研究采用定性和定量研究相结合的方法，采用不同的方法收集不同的资料,发挥两类数据的互补作用,实现方法之间的优势互补。具体而言,通过结合定性和定量研究方法,发挥多元方法的优势,一方面,基于文献分析法、结构化访谈等方法构建评估区域人才一体化的框架模型和指标体系;另一方面,基于匿名问卷调研、档案数据分析等方法评价示范区人才一体化发展状况。

2.2.3　横向对比与纵向分析相结合

横向分析能够帮助我们充分认识区域人才一体化的发展现状,明确当前区域人才一体化发展中的优势与不足,同时聚焦特定城市,精准定位其在区域中人才一体化发展中的位置;纵向分析能够帮助我们了解区域人才一体化的发展过程和演进规律,进而精准预测和有效指导未来发展。通过横向对比与纵向分析相结合,可以有效避免单纯横向对比或纵向分析的片面性。

2.2.4　多学科交叉借鉴

本研究综合吸收了政治学、经济学、公共政策与管理学等多学科的知识和相关理论,充分利用相关学科理论中有关人才一体化的可借鉴成果,勾勒出区域人才一体化的分析框架和评价体系。

2.3　可能的贡献

通过对区域人才一体化理论与实践所作的尝试性探索,本研究力图在以下几个方面有所拓展。

2.3.1　研究视角方面

面对百年未有之大变局和新形势下的新任务,面对加快形成以国内大循环为主体、国内国际双循环相互促进的新发展格局,区域一体化作为畅通国内大循环、推动国内国际双循环的重要助力得到广泛关注。以往对于区域一体化的研究要么集中于区域经济一体化,将人才作为区域经济发展中的要素进行分析,要么从政府间合作的视角对不同合作领域进行分析,且重点关注环境领域的合作,对人才领域的合作关注较少。本研究则关注区域一体化中的人才一体化,通过不同视角,分析区域人才一体化的内在机理,并构建了评价区域人才一体化的框架模型和指标体系,为区域一体化高质量发展探索新视角。

2.3.2 理论方面

本研究从人才政策和管理的全过程视角,运用 I-P-O 模型,构建了包含客观和主观多元评价区域人才一体化的框架模型和指标体系,即区域人才一体化的投入与准备,既包括单项的人才投入,也注重人才生态环境的打造;区域人才一体化的协作过程,主要关注区域内行政壁垒的打破,各类公共服务的提供等;区域人才一体化的结果产出,包括人才流动程度增强,人才结构配置合理。同时,本研究运用制度性集体行动理论,打破其以往只关注环境等领域的缺陷,结合人力资本理论,对人才一体化这一特殊合作领域的微观动机、作用机理和宏观合作结构进行深入分析。

2.3.3 实践方面

本研究回顾了长三角人才一体化的发展历程和现状,对推动区域人才一体化的内在机理进行了深入分析,总结了区域人才一体化当前面临的主要障碍和相应的政策建议。同时,本研究基于示范区人才一体化发展状况,通过客观统计数据以及区域重点人才平台和群体的第三方调查数据进行了分析,构建了评价示范区人才一体化发展状况的指数体系,为区域(长三角)人才一体化发展出谋划策。

3 理解区域人才一体化

人才一体化是区域内各用人主体发挥主观能动性、主动增强人才服务意识和提升人才保障能力的一项政策和制度创新,主要目的是在特定区域内实现人才这一战略要素的有序、自由流动,其既是区域一体化发展的重要基础和内在要求,又是检验区域一体化成效的重要指标。关于区域人才一体化发展的理解,是构建区域人才一体化评价指标体系、评估当前区域人才一体化发展现状、建言区域人才一体化发展以及为区域人才一体化发展精准施策的基础。

3.1 区域一体化

"区域"是一个抽象的、理论化的地域空间概念,通常没有严格的范围和边界。同时,区域的内涵丰富,是由人口、经济、政治、社会等要素组成的综合体,区域内外始终进行着物质、劳动、技术和信息的交流。按照属性,区域大致分为三种类型:一是地理空间上的单元;二是基于交易和联系所构建的网络或结构;三是具有共同认知和身份认同感的群体。对于区域人才一体化而言,区域的界定直接影响着区域协商机制、利益分配方式和区域政策实施效果,而且关系到区域内成员对共同体身份的认同感。

"一体化(integration)"则来源于拉丁文"integratio",原意为"更新""修复"。《牛津英语词典》(*Oxford English Dictionary*)将

其定义为"整合的行动或过程"，具体包括三个含义：一是将分别的部分或要素结合起来，组成一个整体；二是心理层面上，将多样化的部分结合成复杂的整体，各部分之间呈现可区分的复杂状态，也指个性当中不同要素的和谐结合；三是指之前因文化、种族等原因受到歧视的个人或群体成为一个共同社会的平等成员。

区域发展在世界图谱中的地位日益凸显，学者从政治学、经济学、公共政策与管理学等不同角度对区域一体化进行了理论分析和实践探索。早期有关区域一体化的研究多见于政治学领域，主要聚焦于欧洲一体化相关研究，一般认为区域一体化是一种主权国家间的政治行为，经济等其他行为都受到政治的支配，一体化的主要动因是为了维护国家主权和国家利益，进而实现共同体间的安全与战略利益。随着欧洲一体化进程中经济一体化的先行实践，从经济学视角关注区域一体化研究逐渐成为主流，这类研究一般认为一体化的主要动因是经济福利和区域共同繁荣，关注要素流动壁垒的消除，通过区域内要素和资源配置的优化，实现区域联动发展。区域一体化经常被等同于区域经济一体化。区域经济一体化，是指两个或两个以上的经济主体，通过协商并缔结经济条约或协议，实施协调性经济政策和措施，消除人为分割和限制的商品、要素市场等障碍，以分工协作为基础来提高经济效率和获得更大经济效果，把分散的经济融合起来形成一个区域性经济联合体的过程。

区域一体化，既是一个经济发展过程，又是一种经济发展状态，如美国经济学家贝拉·巴拉萨（Bela Balassa）在其《经济一体化理论》中指出，区域经济一体化从过程来看，主要指消除各经济单位之间差别待遇的各种举措；从状态来看，表现为各经济单位之间各种形式的差别待遇的消失。因此，经济一体化既是一个国家不同地区或不同国家间建立统一市场，通过区域专业分工，消除贸易、生产要素流动的障碍，进而实施一体化的经济政策的过程；也指一国不同地区或不同国家间的货物、服务、生产要素实现了自由流动和最优配置,实施了一体化的经济政策,地区之间经济相互依存、互惠互利、共同发展。诺贝尔奖获得者、荷兰经济学家简·丁伯根(Jan Tinbergen)则认为一体化可以分为"消极一体化"和"积极一体化",前者是指物理上的边界,如影响资本、劳动力流动障碍的消除,后者则关注规章制度驱动自由市场统一的力量,通过建立新的规章制度纠正市场中错误信号,强化正确信号。进而,有研究指出低水平的一体化属于"消极一体化",实现政治一体化的高水平一体化属于"积极一体化"(爱德华·贝斯特,Edward Best,1997)。

随着区域主义的兴起和区域竞争的加剧,区域公共事务日益复杂、公共问题不断涌现,难以依靠单个地方政府或单个国家有效应对,需要多个政府间相互合作,联合治理区域事务、供给区域公共物品。然而,区域合作治理和区域公共物品合作供给面临一系列现实困境,如区域公共物品具有传统公共物品的基本特征,即非竞争性和非排他性,可能会存在"搭便车"现象,同时,区域公共物品也具备独特性,如供需主体的复杂性和多样性、地理依赖性、外部效应溢出性、生产的规模化和动态性等特征(陈文理,2004)。因此,如何联合治理区域公共事务,供给区域公共物品,实现区域的良性协调发展,成为区域公共管理关注的重要问题。

总结起来,有关区域一体化可达成如下基本共识:第一,区域一体化形成的基础是成员体具有共同利益机制;第二,区域一体化要实现各类资源配置的最优化;第三,区域一体化的形成无法单纯依靠市场力量或政府力量,而是需要市场和政府的合力推动。

3.2 助推区域一体化发展:都市圈探索

在助推区域一体化发展的探索中,都市圈建设是一个有益的尝试,特别是在一个国家内部的区域一体化发展方面。一般认为,都市圈是指由一个或多个中心城市和与其有紧密经济、社会联系的邻近城市组成的，具有一体化倾向的协调发展区域（张伟，2003）。其核心特征在于淡化城市间的行政区划，强调城市间的相互联系，形成经济、社会、市场一体化的发展态势，实现区域整体的可持续、协调发展（董晓峰等，2005）。因此，都市圈和区域一体化是紧密联系在一起的，特别是在全球化的大背景下，都市圈正在成为区域一体化的一种基本模式（刘帮成等，2008）。一方面，从相对孤立的都市经济走向都市圈经济的过程中，实现了由自锁经济向开放型区域经济的转变，进而迈入区域一体化的发展阶段。可以说，都市圈的形成过程，也是区域一体化的形成过程；另一方面，区域一体化过程中要消除人为分割和限制的商品、要素市场等障碍，以分工协作为基础来提高经济效率和获得更大经济效果，把分散的经济融合起来形成一个区域性经济联合体，在这个过程中，需要以都市圈为重要依托，也就是说，都市圈是推动区域一体化的核心载体。

放眼全球，都市圈建设正成为国家和地区拓展更大发展空间的战略选择，也是一个国家或地区富有竞争力的象征。当前，世界范围内已经形成的典型都市圈有：美国东北部大西洋沿岸以纽约为中心的都市圈，包括波士顿、纽约、费城、华盛顿等 10 座城市；北美以芝加哥为中心的都市圈，从芝加哥向东到底特律、克利夫兰、匹兹堡以及加拿大的多伦多和蒙特利尔；日本太平洋沿岸以东京为中心的都市圈，一般指从千叶向西，经过东京、横滨、静冈、名古屋、神户的范围；英国以伦敦为核心的都市圈，包括伦敦、伯明翰、谢菲尔德、利物浦、曼彻斯特等大城市，以及众多小城镇；欧洲西北部以巴黎为中心的都市圈，主要城市有巴黎、阿姆斯特丹、鹿特丹、海牙、布鲁塞尔、科隆等。在我国，以上海为中心的长三角都市圈被认为是世界第六大都市圈，包括上海，江苏省的南京、无锡、常州、苏州、南通、盐城、扬州、镇江、泰州，浙江省的杭州、宁波、嘉兴、湖州、绍兴、金华、舟山、台州,安徽省的合肥、芜湖、马鞍山、铜陵、安庆、滁州、池州、宣城等 26 市。

面对百年未有之大变局和建设社会主义现代化强国的第二个百年宏伟目标,不断推动区域协调发展,促进国内大循环、激发强大国内市场活力,搞活"双循环",实现高质量发展成为关键任务。为此,国民经济和社会发展"十四五"规划中提出"推进京津冀协同发展、长江经济带发展、粤港澳大湾区建设、长三角一体化发展,打造创新平台和新增长极"。

3.3 人口、人力与人才

关于对人才重要性的认识,早在春秋战国时期的《诗经·小雅》中可见一斑,比如"菁菁者莪,乐育材也,君子能长育人才,则天下喜乐之矣"。党和国家历来更是高度重视人才工作,新中国成立以来,"什么是人才""人才有何标准"等问题一直是理论和实务专家所关注的重点。比如我国首届人才学讨论会上,与会专家将人才归纳为10 种类型:能解决问题的人、有潜在能力的人、出类拔萃的人、有特殊才能的人、有超群才能的人、人中优秀者、对现代化建设做出贡献的人、对人类做出贡献的人、有义务感等素质的人、对社会做出贡献的人。2003 年召开的我国第一次全国人才工作会议上,人才被认为"只要具有一定的知识或技能,能够进行创造性劳动,为推进社会主义物质文明、政治文明、精神文明建设,在建设有中国特色社会主义伟大事业中做出积极贡献,都是党和国家需要的人才"。接着在2010 年召开的第二次全国人才工作会议上,关于人才的认识,进一步明确为"只要具有一定的专业知识或专门技能,在发展中国特色社会主义伟大事业中,能够通过创造性的劳动为社会创造价值的人,都是党和国家需要的人才"。随后,《国家中长期人才发展规划纲要(2010—2020)》首次将人才明确划分为六大类,分别是党政人才、企业经营管理人才、专业技术人才、高技能人才、农村实用人才、社会工作人才。

综合国力竞争说到底是人才竞争。人才是衡量一个国家综合国力的重要指标。国家发展靠人才，民族振兴靠人才。十八大以来，以习近平总书记为核心的党中央坚持人才引领发展的战略地位，2021年秋召开的中央人才工作会议认为虽然我国已经拥有一支规模宏大、素质优良、结构不断优化、作用日益突出的人才队伍，鉴于我国发展进入新阶段（即进入全面建设社会主义现代化国家、向第二个百年奋斗目标进军的新征程），我国比历史上任何时期都更加渴求人才，我国人才工作站在一个新的历史起点上。中央人才工作会议明确要求必须把握战略主动，做好顶层设计和战略谋划，加快建设世界重要人才中心和创新高地，着力培养使用战略科学家，要打造大批一流科技领军人才和创新团队，要造就规模宏大的青年科技人才队伍，努力建设一支爱党报国、敬业奉献、具有突出技术创新能力、善于解决复杂工程问题的卓越工程师队伍；培养高水平复合型人才；培养基础研究人才，特别是在自然科学领域取得突出成绩且具有明显创新潜力的青年人才；要培养造就大批哲学家、社会科学家、文学艺术家等各方面人才；要加强人才国际交流，用好用活各类人才，对待急需紧缺的特殊人才，要有特殊政策，让有真才实学的人才英雄有用武之地。

人口、人力等是与人才相关的概念。人口是范围最广的概念，有生命的人体都属于人口。作为世界上人口数量最多的国家，我国无疑是一个人口大国。人力是指能够推动经济和社会发展，具有智力和体力劳动能力的人口。与人力密切相关的概念包括人力资本和人力资源。诺贝尔经济学奖得主西奥多·舒尔茨（Theodore W. Schultz）（1971）认为人力资本是相对于物质资本或非人力资本而言的，将其定义为"体现在劳动者身上，以劳动者的数量和质量或其知识技能、工作能力表现出来的资本"。从微观上来看,人力资本影响着劳动力市场的均衡,决定了微观经济主体工资水平的高低;从宏观来看,人力资本是决定经济增长的重要因素。人力资源则是能够为社会创造物质和文化财富的,从事体力和智力劳动的人口的总称。某种程度上,人力资本是价值化的人力资源(姚先国,2003)。人才根据其定义,是指那些具备专业知识或专门技能,能够进行创造性劳动对社会做出积极贡献的,能力和素质较高的劳动者。从人力的外延来看,人力包含人才,人才是人力资源中的精华部分。二者都具有生物性和社会性的特征,区别在于人才具有创造性,能够为社会发展和人类进步做出更多积极贡献,对促进技术进步和经济增长起着关键的作用。

概括起来,人口是范围最广的概念,可以用人口数量来衡量,指所有人;人力指具有劳动能力的人口,可以用就业人口的数量衡量,指一般性人才;人才强调人的质量方面,指的是能力和素质较高的劳动者,可以用专业技术人员的数量进行衡量。三者之间的关系与我国人才强国战略的推进历程相一致。我国作为一个人口大国,人才强国战略的推进同样需要分阶段、分步骤推进,逐步实现由人口大国到人力大国的转变、由人力大国到人才大国的转变、由人才大国到人才强国的转变。

此外,相较于人口、人力,人才具有更明显的属性:首先,人才具有高附加值。高附加值是一个相对概念,相较于一般性人力资源,人才具备高附加值,能够在生产过程中,发生更多的"化学反应",创造出更多的价值。"凝聚在劳动者身上的知识、技能及其表现出来的劳动力"构成了人力资本,人力资本是社会资本的重要组成部分,也是最核心与持久的部分。人才基于先天条件和后天努力,积累了智力优势和技能专长,利用其高附加值的智力资源和专业技能水平,充分发挥创新精神,提供高附加值的产品或服务,推动地区经济的高质量快速增长。其次,人才的集体/区域集聚效应突出。科学管理奠基人弗雷德里克·温斯洛·泰罗(Frederick Winslow Taylor)指出"人才集聚能够培育产业、企业家能力和有利的商业环境,进而进一步促进人才集聚"。人才集聚能够增强人才的竞争与合作,是一个地区竞争力的有力体现。一方面,集聚加强了人才之间的竞争,而竞争是提升个人能力的重要方式,由于人才感知到压力,会不断增强自身人才资本,提升效率,积极创新。另一方面,随着人才的集聚,信息和知识也集聚起来,人才相互之间的交流与合作有利于新技术、新思想的出现,进而产生多种人才集聚效应,如竞争合作效应、学习创新效应、马太效应等(张同全,2008)。同时,人才具有自主性、能动性,是多种生产要素中最积极和活跃的要素。这种自主性和能动性,一方面体现在,人才作为情感动物,其积极性与创造性受到动机、情感等精神因素的影响,具有精神能动性特征(马新建,1999);另一方面体现在,人才能够改变和影响外部环境,能够在不同岗位、职业、产业、地区或国家之间进行主动的流动,流向政治、经济、法律、文化等多方面良好的环境。此外,随着"人才主权"意识日益凸显,关于人才的竞争将日趋成为国家、区域和特定人才平台或主体关注的焦点。

3.4 人才一体化:区域一体化高质量发展的关键

人才作为最重要的生产要素和经济社会发展的第一资源,是推动区域一体化发展的核心要素。区域一体化协调健康发展的关键在于人才资源的开发和使用,而人才一体化将决定区域人才资源的效益创造,并最终影响区域经济社会的全面发展。

从区域政治一体化的角度来看,区域人才一体化的核心是要在一体化的地区人口之间形成一种"共同体意识"或认同感,强调人才之间具有共同的价值观,强调沟通、交流的重要性,主张不同地域的人才之间广泛的、持续的联系过程。区域经济一体化包括产业发展一体化、生产要素市场一体化和区域城市发展一体化三个方面,其中生产要素市场一体化是核心,而人才则是最为重要的生产要素,因此,从区域经济一体化的角度来看,区域人才一体化从要素市场角度,关注人才作为一种生产要素在区域内的自由流动和优化配置,通过人才在区域内相互合作、优化配置,推动区域经济一体化发展。也可从一体化的概念出发进一步解释区域人才一体化,既可以指不同地域单元人才结合起来,组成一个有机整体,也指不同地域之间有所区分、各具优势,实现人才合理配置;还指区域内构成一个平等、没有歧视的人才共同体。本研究中,区域人才一体化指在一定区域范围内若干地域单元主体,为了实现全区域人才开发效益最佳化和人才价值实现充分化,通过相应的资源共享、政策协调、制度衔接和服务贯通,整合为全区域人才开发共同体,从而促进该区域诸地域单元共同的可持续发展及其人才的全面发展。

为清晰地理解人才一体化,有必要进一步解释与其相关的几个概念,即人才共享、人才流动和人才集聚等。

人才共享是指人才资源超越区域、部门、单位限制的共同享用,即通常所说的"不求所有,但求作用"(宁本荣,2007)。人才共享能够绕开人事制度、户籍制度、分配制度、教育制度甚至产权制度等体制性壁垒,在人才普遍缺乏的现实背景下,缓解人才的结构性矛盾,实现人才在区域内相互合作、优化配置。人才共享的形式多样,包括:"带土移植"型、"科技联姻"型、"智力嫁接"型、"兼职兼薪"型、"筑巢引凤"型、"客座顾问"型、"远程会诊"型等(郭庆松,2006)。人才共享实践中展现不同的类型,比如租赁式共享、兼职式共享、外包式共享、项目式共享、候鸟式共享、非股权联盟式共享、股权联盟式共享等(宋成一等,2019)。

人才流动,是指人才在不同岗位、职业、产业、地区或国家之间的一种主动的流动,是人才主观能动性的体现(张弘等,2000)。因此,从本质上来看,人才流动是人才的选择行为,是人才为实现自身价值,满足个人需求的方式或手段。同时,人才流动具有社会属性,是人才资本所有者对其人才资本的相关产权进行的交易行为。随着知识经济时代的到来,人才的流动往往伴随着资金、技术和信息等要素的流动,人才流动成为市场经济发展的客观要求和必然条件(蒋春燕等,2001)。人才流动能够有效调节人才的需求与供给,从需求端来看,企业能够通过人才流动找到合适的人才,实现企业生产效率的提升;从供给端来看,人才能够通过人才流动找到适合自己的工作,充分发挥自身的优势与潜能。人才流动成为人才效益发挥的重要机制。

与人才流动密切相关的另一概念是人才柔性流动。相较于刚性的人才流动,"不求所有,但求所用"的柔性流动成为更为显著的趋势(周邦慧,2001)。人才柔性流动将"人"与"才"分离,使人才能够摆脱国籍、户籍、档案、身份等人事制度的制约,在不改变与原单位隶属关系的前提下,以人才的智力服务为核心,关注人、知识、创新成果等的有效开发与合理利用,进而谋求人才自身价值和商业价值的最大化(李福华等,2008)。

人才集聚是人才流动过程中的一种特殊现象。人才流动决定了在其流动过程中,必然存在着人才分布不均匀的问题,在一定时间内,受到某些因素的影响,大量人才流向特定区域或特定产业,导致人才相对集中在某一地区或某一产业中,这种现象称为人才集聚(朱杏珍,2002)。从要素市场的角度来看,生产要素在空间上并非均匀分布,而是呈现相对集中的特征。人才作为一种能动性更强的要素,也会出现空间上的非均匀分布。人才集聚具有如下特征:第一,人才资源的配置是在特定空间范围内进行的,因此人才集聚具有空间性;第二,人才集聚不仅表现为数量上的集中,而且表现为按类(如地区、行业)聚集的聚类性;第三,人才集聚达到一定规模之后会呈现规模化特征。人才集聚过程中,信息与知识也集聚起来,有利于新技术、新思想的出现,进而产生多种人才集聚效应。营造良好的人才发展环境,促进区域人才集聚,是加快区域经济循环、提升区域竞争力的重要途径。根据人才集聚过程中政府干预程度、市场与政府互动程度,人才集聚可划分为三种类型:市场主导型人才集聚模式、政府扶持型人才集聚模式、计划型人才集聚模式(孙健等,2007)。

综上,人才共享、人才流动、人才集聚与区域人才一体化之间既有区别更有联系。第一,人才共享是区域人才一体化的重要内容之一,区域人才一体化的作用意义重大,可以说人才共享是区域人才一体化的题中应有之义(郭庆松,2007)。人才共享既有宏观层面的含义,又有微观层面的理解。宏观层面的人才共享与人才一体化是同义词,主要指人才资源在区域一体化过程中的自由流动以及共享使用的现象。第二,人才共享的核心内涵是在市场经济条件下,人才自由流动,人才的能力和智力得到充分的使用,人才价值得到充分实现。因此,人才流动是实现人才共享的基础,其中,人才区域流动是人才流动的特殊形式,主要是指人才在省际或区域间的流动。当前,人才区域流动成为新的亮点,不同地区纷纷出台优惠政策吸引人才在区域间的流动。当人才在区域内自由流动时,则实现了区域内人才共享或区域人才一体化。第三,人才集聚是人才流动的特殊形式,通过人才流动才能实现人才在区域内或行业内的集聚。区域人才共享可以划分为三个阶段:人才集聚、人才扩散、人才互相流动(夏琛桂等,2008)。由人才流动的先后顺序来看,当人才集聚到一定程度后,才会出现人才由集聚城市向边缘城市扩散,当人才集聚与人才扩散达到一定程度后,区域内人才相互流动增强,最终实现区域内的人才共享。因此,可以认为人才集聚、人才流动是人才共享在不同发展阶段的产物。

为更清晰地解释区域人才一体化，这里再总结如下：

第一，区域人才一体化是一个多层次的概念。区域人才一体化不仅体现为宏观层面的人才在区域间突破各种限制，实现自由流动，也具有中观和微观的含义。中观层面的人才一体化关注人才资源在组织间的关系，强调用人单位构建灵活多样的用人机制，通过多样化的用工方式，在不关注人才劳动关系的情况下实现人才合作。微观层面的人才一体化从人才个体视角，强调人才资源在个体上的使用权，即人才所属单位或身份不改变的情况下，人才智力资源可由多方共同享有。

第二，区域人才一体化具有动态性。若干独立的区域单元在实现区域一体化的过程中，不断完善体制安排、制度建设、机制构建，整合成区域人才共同体，这一过程并不是一蹴而就的，而是根据区域发展需要和现实状况，逐步调整实现的，因而区域人才一体化是一个由多个主体合作逐步推进的动态过程。

第三，区域人才一体化具有整体性。人才工作是一项"牵一发而动全身"的系统性工程，如何联动各方、综合考虑人才一体化工作各链条的衔接性与完整性，是推进人才一体化工作必须明确的问题。人才资源只有与其他生产要素有效结合，才能实现区域内人才效益的最佳化。因此，区域人才一体化工作的推进必须综合考虑各个环节的衔接与完整。

第四，区域人才一体化的核心在于人才的有序自由流动。区域人才一体化关注人才流动壁垒的消除，实现人才流动的畅通性。畅通流动并不意味着人才可以无序地所谓"自由"流动。人才的无序乱流动不仅不能够有效解决人才闲置、人才浪费的现象，甚至会加剧人才的结构性矛盾，增加用人单位的人才使用成本。因此，区域人才一体化需要根据区域发展的需要，使不同类型的人才按照一定的规律在不同地域单元间有序自由流动,实现"人尽其才、人尽其用"。

此外,需要强调的是区域人才一体化价值取向是区域与人才的共同发展。一方面,区域人才一体化强调通过人才自由流动和优化配置,达到区域人才一体化与经济一体化发展的相匹配,区域内主体共享区域人才资源,进而实现人才效益的共赢和全区域共同的可持续发展;另一方面,区域人才一体化也关注人才的全面发展,力图实现人才效益最佳化,充分实现人才价值。

4 区域人才一体化发展的理论基础

"没有实际的理论是空虚的,同时没有理论的实际是盲目的"
(徐特立,1979)。本部分聚焦区域人才一体化的理论基础,着重从
政治学、经济学、公共政策与管理学等学科中梳理与区域人才一体
化相关的典型研究,为后续构建评价区域人才一体化的框架模型和
指标体系,并在此基础上进一步优化政策,推动区域人才有序自由
流动,实现区域人才一体化高质量发展奠定理论基础。

4.1 新功能主义

新功能主义是 20 世纪 50—60 年代有关欧洲区域一体化的主
导性理论,主要聚焦区域一体化的形成过程,其核心概念是"外溢",
是指一个领域的问题将会导致另外一个领域的问题,或者需要另一
个领域的解决办法(房乐宪,2001)。新功能主义认为"外溢"在开始
阶段只是发生在不同的功能性任务当中,但随着其发展,会逐步扩
展到更为突出的领域。也就是说,一个地区的任务会随着其已经
进行或正在进行的各种任务中获得的经验而不断扩展。新功能主
义认为,由于"外溢"从经济和技术向政治领域扩散,区域内人才对
于原来民族国家的认同和效忠将向超国家机构转移(简・斯威尼,
Jane P. Sweeney,1984)。

为更加清晰地理解"外溢"这个新功能主义的核心概念,可以将其划分为功能性"外溢"、技术性"外溢"和政治性"外溢",以便于从不同角度看待区域一体化(约翰·麦考密克,John McCormick,1999)。功能性"外溢"是指特定目标实现过程中会面临这样的情况,即只有相近政策领域采取进一步行动才能够实现最初的目标。也就是说,如果区域内某个领域实现一体化,这一领域的互动会"溢出"到相关领域,进而导致其他领域的一体化。例如,围绕人才医疗、教育、社会保障等方面的区域协调一致,会溢出到其他方面,如职业资格和技术等级认定,进而推动区域人才一体化的发展。技术性"外溢"是指区域内标准的不同将会引导不同地区上升或下降到最严格或最松弛的层次上。例如针对人才认定标准,有的地区标准高,有的地区标准低,但在实现区域一体化的进程中,这些标准会出现外溢,最终出现区域标准的上升或下降。政治性"外溢"是指个人对区域层次上出现的新政策,将会出现期望和活动的转移,也就是说政治将会在区域层面而不是在原来分散的地理行政单位上进行。例如,当区域层面出现了超地域的一体化机构,人们对于原有地方政府的期待会转移到新的一体化机构身上。

新功能主义作为一种政治一体化理论,为理解区域一体化的实际进程提供了一个有价值的分析框架,在现实生活中也有效促进了欧洲区域一体化进程。特别是"外溢"概念,为我们理解区域一体化进程中如何推动人才一体化、如何协调相关领域解决人才一体化推进中遇到的问题提供了有益的借鉴。

4.2 政府间主义

政府间主义认为区域一体化的本质和步伐是由相对独立的民族国家的决策和行动决定的,强调相对独立的民族国家在一体化过程中的重要性(房乐宪,2002)。政府间主义认为,一体化并不是自由生长实现的，而是政府之间理性行为和政治决策的结果，以"国家中心论"为基础，将区域一体化作为追求自身利益，主权国家之间进行的一系列讨价还价（斯坦利·霍夫曼，Stanley Hoffmann），1966）。政府间主义的基本理论假定是，国际体系从本质上来看是自主的，现实生活中，国家是一体化进程中占据主导地位的行为体。因此，一体化只有在符合参与这一进程的国家的利益的前提下才能获得推动，一体化的每次进展都源于成员国之间的讨价还价的交易。政府间主义认为，一体化发展进程中，国家之间能够在农业、贸易等"低政治"领域进行密切的合作，但是在涉及国家根本利益的"高政治"领域，是不会因为物质利益而放松的，只能通过政府间持续的讨价还价来进行"高政治"领域的合作（罗杰·汉森，Roger D. Hansen，1969）。

政府间主义进一步认为一体化不是自动的过程，而是成员国政府之间理性选择和相互交易的结果。国家的相关行为是理性的，往往会采取最适宜的方式来实现目标。国内政治因素能够解释国家的目标如何受到国内压力的影响，有限选择和战略机遇的需求和供给共同塑造了国家的对外政策行为。政府间主义对政府间的讨价还价行为进行分析，有助于我们更好地理解区域人才一体化进程。人才一体化的实现依赖于，不同地区政府之间是如何达成合作的。区域人才一体化的合作过程可以通过博弈模型更好地理解，既包括不同地区内部通过博弈产生人才一体化的选择，也包括不同政府之间如何就人才一体化的各项合作进行的讨价还价战略。

4.3　人力资本理论

诺贝尔经济学奖获得者西奥多·舒尔茨（Theodore W. Schultz）认为人力资本是"凝聚在劳动者本身的知识、技能及其所表现出来的劳动力"，是经济增长的主要推动力。世界各国都采取多种措施提升人力资本的数量与质量。当前我国努力构建"以国内大循环为主体、国内国际双循环相互促进的新发展格局",区域一体化是助推国内大循环、构建新发展格局的重要内容。人力资本的竞争、创新、合作与区域一体化的发展密切相关。

人力资本的投资形式表现为以下几个方面:一是保健投资。通过对医疗、卫生、营养、保健等服务进行投资来恢复维持或改善提高人的健康水平,进而提高人的生产能力。二是教育投资。通过支出一定的成本来获得初等、中等、高等文化知识教育的机会,是人力资本投资中的最核心的组成部分。三是职业培训。是指在正式的学校以外由企业或其他机构为职工提供的教育与培训,帮助职工提高生产技术、学习和掌握新技能。四是人力迁移投资。人力资源的合理配置是一个不断调整的动态过程,劳动力需要支付一定的成本实现地域间或产业间的迁移流动,变更就业机会,从而更好地满足人们自身的偏好,创造更高的收入。五是信息投资。通过花费一定的成本来获取有关商品价格、就业机会等市场经济活动中的信息,以实现经济决策最优化的行为。

人力资本理论为区域人才一体化提供了重要的理论启示。第一,人力资本是蕴含于人本身的,人力资本开发的过程就是人自身发展的过程,区域人才一体化的过程也就是区域人力资本一体化的过程,不同区域的人力资本相互合作,畅通交流,借助人力资本的聚集实现知识外溢和技术外溢,合理配置区域内人力资本,实现价值最大化。第二,人才在区域内的有序自由流动是区域人才一体化的重要内容,也是人力资本投资的重要方面。人才的流动需要支付各种费用,如搜寻就业信息的费用、放弃原来就业所损失的收入、迁移所耗费的时间和精力、碰到的各种困难等,这些共同构成了人才流动的投资成本。同时,流动也会为人才带来较高的收入、更好地满足自身发展偏好,其与原来的差额代表了人才流动的投资收益。因此，人力资本投资为研究和推动区域人才流动、实现区域人才一体化提供了新的研究视角。第三，人力资本投资具有外部性，人才流动产生的人力迁移投资会产生二重性外部效应。一方面，人力迁移投资具有正外部性，能够提高迁移者本身的收入，且促进不同地域、历史文化背景的人们之间的沟通交流，进而促进整个社会的文明与进步；另一方面，人力迁移投资也会产生负外部性，比如人口可能总是倾向于流向沿海或发达地区，带来就业和社会稳定方面的压力，诱发外来人与本地人之间的矛盾冲突。但整体来看，人力迁移投资的外部性是正面的、积极的。根据经济学基本原理，外部性存在的地方，市场机制将出现失灵，需要由政府采取措施，矫正资源配置的偏离，达到帕累托最优。对于人力迁移投资来说，其社会边际收益大于私人边际收益，如果单纯凭借市场机制调节，将出现资源配置不足，因此需要政府采取各种政策措施，消除人才流动的障碍阻碍，推动区域人力迁移投资。

4.4 共同市场理论

第二次世界大战结束之后，伴随着世界范围内区域经济一体化实践的蓬勃发展，众多学者关注和研究了区域经济一体化，形成了日益丰富和完善的理论。区域经济一体化理论主要关注两个或两个以上行为主体通过制定经济贸易政策等措施，消除阻碍要素流动的壁垒，实现产品、生产要素在区域内的自由流动，形成一个超越地区边界的，劳动力、资本、商品等自由流动的区域共同体(李瑞林，2007)。其目的是通过成员之间的分工协作，提升资源利用效率，实现成员经济的共同发展与繁荣。早期区域经济一体化理论主要从国际区域一体化的角度，关注国家间的经济一体化实践，随着参与主体的多元化和合作领域的广泛化，跨区域的微观区域合作，即一国内部的区域一体化也逐渐得到关注。这里着重对共同市场理论进行引述。

共同市场理论认为,区域一体化消除成员体之间阻碍产品和生产要素流动的障碍后,不仅实现了产品市场的一体化,而且实现了区域内包括劳动力和资本等生产要素市场的一体化和自由流动,其直接结果就是要素价格在一体化区域内趋于一致,并导致不同行业收入分配的变化。实现区域一体化之前,要素收入较高行业的收入会下降,要素收入较低行业的收入会上升。同时,生产要素的自由流动,使得资本、劳动力等生产要素在大市场范围内沿着生产可能线重新组合,从边际生产力低的地区流向边际生产力高的地区,生产要素配置更加合理有效。此外,市场范围的扩大会带来生产量和贸易量的扩大,进而产生规模经济效益,并创造一个更加激烈的竞争环境,有助于规模经济效益的出现和企业技术水平的提升。

共同市场理论最为关注的核心生产要素之一就是劳动力要素,这为区域人才一体化研究提供了重要的理论基础。当前我国要素市场扭曲现象突出,劳动力要素自由流动受到阻碍,无法实现最优配置,对生产力的提升和创新活动的开展都产生了不利影响。这主要体现为,严格的户籍管理制度阻碍了劳动力的自由流动,人才无法按照市场机制进行有效配置,同时,地方政府对劳动力工资的管制会降低企业开展创新生产活动的积极性,此外,较低的劳动力价格会降低市场对创新产品的需求能力(白俊红等,2016)。因此,推动区域人才一体化,需要实现劳动力要素市场一体化,完善劳动力要素市场化配置,促进劳动力要素自主有序流动,提高配置效率,进而激发全社会的创造力和市场活力。

此外,从人才的角度来看,共同市场形成后,更易出现"人才创造效应"和"人才转移效应"。一方面,拥有大量高层次人才的地区的人才可能会涌入高层次人才较少的地区,提升地区竞争力的同时也挤出了当地人才的工作机会。另一方面,共同市场所形成的规模经济效应则对应于人才聚集效益，大量的人才聚集有利于新技术、新思想的出现，从而提升区域竞争力。

4.5 制度集体行动框架

制度集体行动框架（ICA：Institutional Collective Action）关注地方政府的跨区域合作治理，为区域合作的微观动机和现实选择提供了解释参考。制度集体行动框架多用于分析地方政府间公共服务合作、环境治理、信息共享等领域，对区域要素一体化方面的关注比较少。人才是支撑经济发展的第一战略资源，是决定一个区域综合实力的关键要素，区域人才一体化的实现需要地方政府的跨区域协同合作，因此本研究认为制度集体行动框架能够提供区域人才一体化合作困境的生成机理，分析破解地方政府集体行动困境的合作机制，提供有效达成地方政府人才领域合作的策略选择，进而实现人才要素在区域内的有序自由流动。

源于权力和公共责任的碎片化，制度集体行动困境（包括横向合作困境、纵向合作困境和功能性合作困境）时有发生。横向合作困境一般发生在同层级地方政府之间，当地方政府无法自行有效生产所期望的公共服务或者地方政府生产的公共服务造成了跨越行政边界的外部性问题时容易发生。纵向合作困境往往发生在不同层级地方政府之间，当不同层级的地方政府追求大致相同的公共事务领域目标，却关注不同的关键绩效目标时，就导致了纵向合作困境。功能性合作困境常常发生在不同职能部门之间，由于政府职能和政策领域的碎片化，不同职能和政策领域中经常存在公共服务脱节、政策不协调和资源管理的负外部性等问题（理查德·菲沃克，Richard C. Feiock，2013）。

制度集体行动框架认为地方政府间合作行为的达成是基于"成本—收益"分析，只有收益大于成本时，才能实现集体行动。对合作行为中与"成本—收益"相关的交易成本、合作收益、合作风险及其影响因素的分析，能够帮助我们更好地理解如何解决集体行动的困境，推动地方政府间合作，实现区域稳定、协调的一体化发展。

合作收益是实现制度集体行动的出发点，一般包括集体性收益和选择性收益。集体性收益是指协作收益，即地方政府间合作带来的项目收益，既是所有参与者共同获得的收益，也是地方经济社会发展的公共收益，包括规模经济、溢出效应等。比如，区域人才一体化的集体性收益可通过人才要素的有序自由流动实现人才资源有效配置和人才满意度的提升，进而实现人才效能最大化和人才价值充分化，提升区域经济社会发展水平。选择性收益是合作中的"关系资本"为地方官员带来的收益，包括声誉、地位、信任、社会资本等。就区域人才一体化而言，地方官员通过构建人才共享网络，能够获得区域内网络关系的收益，满足中央及省级政府对区域一体化的要求，提高自身在区域内的影响力和声誉。制度集体行动框架指出，地方政府间合作受到交易成本的制约和合作风险的影响，二者共同导致了集体行动困境。交易成本主要包括信息成本、谈判成本、执行成本、自主性丧失成本等。合作风险主要包括协调风险、不公平分配风险和违约风险等。同时包括交易物品属性、经济社会特征、政治制度以及政策网络结构等在内的环境因素是影响集体行动的重要因素，比如交易物品的专用性越高，绩效可测量性越低，交易成本越高，越不容易产生集体行动（理查德·菲沃克，Richard C. Feiock，2007）。

根据制度集体行动框架，地方政府作为理性行动者，基于"成本—收益"分析，当合作净收益大于 0 时，地方行动者决定进行合作，并且对不同的合作机制进行比较和选择，有效匹配待解决问题与合作机制，以实现合作收益的最大化。应用制度集体行动框架对不同合作问题进行分析时，应综合考虑待解决问题的性质与特征，有针对性地进行分析。比如本研究关注的区域一体化中的关键人才要素,第一,人才具有高附加值,"凝聚在劳动者身上的知识、技能及其表现出来的劳动力"构成了人力资本,是经济增长的主要推动力;第二,人才的集体/区域集聚效应突出,随着人才的集聚,人才之间的竞争与合作不断强化,既增强了人才的创新压力,也有效集聚了信息和知识,有利于新技术、新思想的出现,进而产生多种人才集聚效应,如竞争合作效应等;第三,人才要素是多种生产要素中最积极和活跃,自主性和能动性最强的要素,能够在不同岗位、职业、产业、地区或国家之间进行主动的流动,流向政治、经济、法律、文化等多方面良好的环境;第四,随着社会对知识与智力资本需求的提升,人才短缺现象日趋严重,人力资源管理进入人才主权时代,人才不再是被动适应企业或工作要求,而是拥有充分的就业选择权和工作自主决定权(周鹤林等,2002),"人才主权"意识不断提升,只有充分尊重人才、满足人才的内在需求,才能真正吸引优秀的人才。

区域人才一体化的实现需要区域内各政府协同合作,制度集体行动框架有助于理解区域人才一体化合作困境,并为助推区域人才一体化高质量发展提供政策参考,即实践过程中要将制度集体行动框架与人才要素的特殊性(如人力资本、集聚效应突出、自主性/能动性、"人才主权"意识)充分结合起来,以便更好地理解和推动区域人才一体化,实现人才要素在区域内的有序自由流动。

5 构建评价区域人才一体化框架模型及指标体系

　　随着区域一体化发展战略的不断推进,作为第一战略要素,人才一体化发展不断取得新的进展。人才一体化是一项"牵一发而动全身"的系统性工程,既涉及宏观层面的区域合作、中观层面的组织间合作、微观层面的人才个体等不同视角,也强调人才要素与其他生产要素的有效结合,综合考虑各工作链条的衔接与完整性,是一个需要由多个主体合作逐步推进的动态过程。虽然区域人才一体化构想在一些理论和实践中多次提及过,但总体而言,目前区域人才一体化还处于探索阶段,尚未有专门针对区域人才一体化的评价体系。科学、系统地评价是推进区域人才一体化的关键环节。通过对区域人才一体化的评价,能够充分了解区域人才一体化的发展态势,分析其内在发展机制,为各级政府设计和实施相关政策、统筹区域协调发展提供依据。同时,客观准确的测量结果也是政府内部自我检测,监督和激励有关部门工作开展的重要指标和参照。国民经济和社会发展"十四五"规划和二〇三五年远景目标提出"推进京津冀协同发展、长江经济带发展、粤港澳大湾区建设、长三角一体化发展,打造创新平台和新增长极"。在"三新一高"指引下,优化区域内全要素配置程度,特别是区域内人才这一战略要素的一体化程度,是助推区域一体化高质量发展、实现共同富裕的重要手段。

为此,亟须构建和研发区域人才一体化评价指标体系,科学、系统地衡量区域人才一体化的发展状况,并以此为基础,进一步优化政策精准施策,推动区域人才有序自由流动,实现区域人才一体化。因此,本部分将结合已有评价指标体系和当前区域人才一体化实践现状,依据I-P-O过程逻辑模型,聚焦人才导向,构建了区域人才一体化综合评价指标体系,并运用层次分析法(AHP：Analytic Hierarchy Process)确定指标权重,为区域人才一体化评价提供了新的视角与工具。

5.1　构建原则

构建区域人才一体化评价指标体系,首先需要明确其构建原则。根据评价指标体系构建的"SMART"原则和区域人才一体化的实际,本研究认为区域人才一体化评价指标体系的构建应满足以下原则：

5.1.1　系统性原则

区域人才一体化是一项"牵一发而动全身"的系统性工程,如何联动各方、综合考虑人才一体化工作各链条的衔接性与完整性,是开发人才一体化评价体系必须明确的问题。也就是说,区域人才一体化需要不同主体间的相互合作、相互联动,完善相应的制度建设、机制构建,整合为全区域人才开发共同体,从而促进该区域诸地域单元共同的可持续发展及其人才的全面发展。因此,区域人才一体化评价指标体系的构建需要遵循系统性原则。

5.1.2　协同性原则

区域人才一体化是一体化区域内不同主体间的协同合作。作为最重要的生产要素,人才一体化是指人才要素能够在区域内自由流动,通过人才要素在区域内的协同合作,推动区域经济一体化发展。这种协同,既包括一体化区域内部不同地区间的协同合作,也包括不同领域间的协同合作,如交通、医疗、教育等领域的相互协同。因此,区域人才一体化的过程包含协同发展的含义,区域人才一体化评价指标体系的构建需要遵循协同性原则。

5.1.3 特定性原则

构建区域人才一体化评价指标体系的首要工作是所选取的指标能够充分反映区域人才一体化发展现状,并且指标能够对区域人才一体化发展状况进行整体分析。具体来说,区域人才一体化评价指标体系有两个落脚点:人才、区域一体化。一方面,在构建指标体系时,应聚焦人才导向,根据人才领域的特点量身定制,如人才具有高附加值、集聚效应突出、有较强的自主性/能动性、"人才主权"意识凸显等属性,相较其他领域,人才领域具有特定的人才评价标准、职业资格和技术等级认定等方面。另一方面,选择的指标应聚焦特定目标,系统、全面体现一体化的本质特征,而非人才的其他方面。因此,人才一体化评价指标体系的构建需要遵循特定性原则。

5.1.4 可测量性原则

区域人才一体化工作是一项复杂精深、长期连贯的工作,这一过程的评估难度很高,无论是定性指标还是定量指标,都需要明确指标内涵并进行清晰化、操作化界定,这样才能以相同的标准作为统一尺度,衡量区域人才一体化的状况,进而有效指导区域人才一体化的实践。因此,人才一体化评价指标体系的构建需要遵循可测量性原则。

5.1.5 可得性原则

指标体系的测量是对现实世界的定量化呈现,在实际操作中,并非所有的现实数据都能得到,或者可以得到但是获取难度很大、成本很高。指标数据的可得性,是评价指标体系能否获得实际应用的前提。因此,在设计指标体系时,应考虑到数据的取得方式和取得渠道,为保证可得性,尽量选择便于操作、易于获取的评价指标数据,舍弃不能获取或获取难度较大的指标。因此,人才一体化评价指标体系的构建需要遵循可得性原则。

5.1.6　相关性原则

相关性原则体现在两个方面：一是选择的指标应该与所关注的研究对象(区域人才一体化)相关,充分体现区域人才一体化的方方面面,而非随意选择;二是构成评价指标体系的指标不应该是简单的堆砌,而是具有一定的逻辑关系,相互关联共同构成一个有机联系的整体。也就是说,各个指标应包含人才一体化的不同方面,互为补充、内涵却不过分重叠地描述各个维度。因此,人才一体化评价指标体系的构建需要遵循相关性原则。

5.1.7　主观和客观相结合原则

客观指标能够客观反映人才一体化的整体发展状况。主观指标能够充分反映人才对区域人才一体化的感知与认同,区域人才一体化需要关注区域内认同感的形成,强调人才之间具有共同的价值观,因此人才对区域人才一体化感受度的主观指标也是衡量区域人才一体化程度的重要内容。因此,在构建区域人才一体化评价体系时,既要包含客观的官方统计数据,对于难以用客观数据直接测量的部分,将通过匿名问卷调研的方式对特定区域的重点人才群体展开调研。因此,人才一体化评价指标体系的构建需要遵循主观和客观相结合的原则。

5.2 构建逻辑

I-P-O模型由理查德·哈克曼(J. Richard Hackman)和查尔斯·莫里斯(Charles G. Morris)在1975年提出,是进行团队和组织人才开发过程研究的有效工具。多数应用I-P-O模型的研究都是从团队或组织层面进行分析,仅少数研究从区域层面分析人才一体化开发过程(刘帮成,2008)。在区域一体化的背景下,相较于团队或组织内部的人才开发,区域人才一体化过程中的人才开发面临更大的压力,一体化参与主体更加复杂,观念、地方行政管理、基础设施等方面的差异更大。区域人才一体化是指区域范围内的若干地域单元主体,为实现全区域人才开发效益最佳化和实现人才价值的充分化,通过相应的资源共享、政策协调、制度衔接和服务贯通,整合成全区域人才开发共同体,逐步形成统一的人事制度框架、人才大市场和人才服务体系,实现区域内人才的有序自由流动,进而实现区域共同的可持续发展以及人才的全面发展。作为一项"牵一发而动全身"的系统性工程,区域人才一体化的推进需要联动各方、综合考虑各链条的衔接与完整性。此外,区域人才一体化的关键是人才的有序自由流动,其价值取向是区域和人才的共同发展,既要实现全区域共同的可持续发展也关注人才的全面发展,其中,全区域共同的可持续发展依赖于人才的有序自由流动和优化配置。因此,区域人才一体化的评价要聚焦人才本身,将人才导向与I-P-O模型结合起来。一方面,关注人才市场建设、人才流动等人才相关的客观指标;另一方面,也要从人才感知视角,关注人才对区域人才一体化的政策感知。

基于各区域人才一体化合作的政策文件和各地人才一体化实践探索,本研究依据I-P-O模型,从系统性视角,聚焦人才导向,将区域人才一体化划分为投入(准备)、合作过程、人才共享(效果)等方面,覆盖区域人才一体化的完整过程。既关注区域人才一体化的产出,强调成果共享,力图实现区域内人才的有序自由流动和区域合作共赢;又兼顾投入和过程,聚焦综合实力提升,为区域人才一体化的推进奠定人才基础与环境保障,也关注互动过程,通过破除流动壁垒、增强区域间的沟通合作,提升人才的感知度与满意度。

5.2.1 人才一体化投入(准备)——区域人才一体化的基础

人才一体化投入(准备)是实现区域人才一体化的基础。区域人才一体化的过程是区域人才开发一体化的过程,而人才开发过程是一个需要巨大投入的过程,既需要教育、社会保障等方面大量财力成本的投入,也需要营造良好人才环境。财力投入是区域人才一体化投入的重要条件,人才一体化作为一个人才开发过程,必然需要大量的财力来支付人才培养、人才服务的成本。从人力资本理论的视角来看,保健投资、教育投资等人力资本投资能够显著提升人力资本,推动地区经济的快速增长。人才环境是人才赖以生存、发展的基础,良好的人才环境是实现区域人才一体化的基础。人才,特别是高端人才,对于生活品质、服务质量的要求更高。而人才具有自主性和能动性,能够在不同地区之间主动流动,流向政治、经济、法律、文化等多方面良好的环境。因此,打造立体人才生态系统,优化人才环境,如加强人才公寓建设、改善医疗条件等也是重要的人才一体化投入(准备)(刘帮成,2016)。

此外,区域人才一体化是一个逐步推进的动态过程。这一过程并不是一蹴而就的,而是根据区域发展和现实状况,逐步调整实现的。只有当区域内的人才集聚到一定程度时,才能产生人才扩散,随着人才集聚水平的不断提升,人才扩散强度也逐步增强,当人才集聚和扩散达到一定水平后,区域内人才的有序自由流动才会慢慢增加,并逐渐实现人才共享。从区域人才一体化的发展过程来看,要实现区域内人才要素有序自由流动,区域要具有较强的人才竞争力,不断增强人才产出、提升人才效益,只有当区域人才产出和人才效益达到一定水平后,才能出现人才扩散和人才的有序自由流动。

综上所述,人才一体化的投入(准备)既包括人才投入、人才环境改善等实际投入,也指从动态发展视角,人才产出增多、人才效益增强,区域人才竞争力不断提升,为后续阶段的人才合作过程和人才共享奠定基础。

5.2.2 合作过程——区域人才一体化的核心要素

区域人才一体化过程中面临着诸多障碍和挑战,如现行的行政机制和制度差异、人才标准差异、缺乏专门的协调机构和协调人员、人才市场化程度低等。首先,我国现行的行政机制是行政垂直主导体制下的人事制度和人才政策,区域一体化往往涉及多个行政区域,由于户籍制度、分配制度、教育制度等体制性壁垒的存在,难以协调不同区域实现人才一体化的整体优势、减少内耗与负面竞争;其次,区域内成员经济发展水平参差不齐,对于人才认定标准不统一、资质不一致甚至出现相互抵制和矛盾的特点,这将直接影响区域内人才自由流动;最后,各个地方政府相对独立的情况下,专门的协调机构和协调人员的缺失不利于解决人才一体化过程中随时出现的问题;此外,人才市场化程度较低,市场价格机制尚未形成,供求与竞争机制不完善。而解决这些都需要不同利益主体间的协同合作。

2003 年,沪苏浙三省(市)人事厅(局)和所属 19 城市人事部门共同发布的《长江三角洲人才开发一体化共同宣言》提出在多个领域协同合作推进人才一体化,如搭建长三角区域一体化的人才交流互动平台,构建公平竞争的人才法制环境和人才生态环境,构筑畅通、便捷的人才信息平台,推进资格证书的互认或衔接,探索建立公务员能力建设框架,搭建区域内统一的公共人事服务体系等。2018年,长三角一体化上升为国家战略后,青浦、吴江、嘉善共同签订的《长三角生态绿色一体化发展示范区人才服务战略合作框架协议》中提出"探索示范区内工作经历互认;探索职业技术等级的联合认定;加强人力资源信息共享;提升人力资源服务能级;完善吸引海外高端人才制度;实施高校毕业生招聘引才计划;畅通科创平台引才绿色通道;建立完善柔性引才保障机制;推动人才培养培训的合作共建"。

综上所述,不同利益主体间的协同合作过程是区域人才一体化的核心。不同利益主体间的协同合作主要指区域内政府打破行政壁垒,实现人才服务和人才管理的一体化,各类人才不仅能够跨区域顺畅执业,而且能够顺畅享受区域内的各项人才服务。具体来说,人才服务一体化关注区域内公共服务的有效对接,实现区域均衡发展,不仅通过构建人才交流互动平台、建设人才信息平台,为区域人才一体化提供平台服务,而且通过发展人力资源服务业,提供人才中介服务,同时,保障人才能够跨区域顺畅享受教育、医疗等公共服务,关注人才的政策感知。人才管理一体化则从劳动力作为生产要素的视角,强调区域、产业间人才规则的一致性,实现在市场规律支配下人才跨区域顺畅执业,实现人才资源的优化配置,既从人才评价标准、职业资格和技术等级认定等方面关注人才认定,也关注人才激励机制的统一完善。

5.2.3 人才共享(效果)——区域人才一体化的必然结果

《长江三角洲人才开发一体化共同宣言》提出长三角人才开发一体化的目标是"通过不断推进长三角人才开发的资源共享、政策协调、制度衔接和服务贯通,建立长江三角洲区域人才开发新机制,逐步形成统一的人事制度框架、人才大市场和人事人才服务体系，最终实现区域内人才的自由流动"。因此，区域内人才的自由流动是区域人才一体化的重要结果。一方面，人才的有序自由流动能够最大化人才效益，实现"人尽其才、人尽其用"；另一方面，通过人才自由流动和优化配置达到区域人才一体化和经济一体化发展的相匹配，实现全区域共同的可持续发展。

综上所述，人才共享是区域人才一体化的目标，也是其必然结果。人才共享，不仅仅是人才流动程度增强，实现人才在区域内的有序自由流动，更体现在充分发挥人才价值，实现人才效益的最大化。也就是说，人才有序自由流动为"表层"共享，体现了各地间的沟通交流程度，是区域人才一体化的直接表现形式；区域深度科技合作、共赢共享为"深层"共享，是区域人才一体化的最终目标。

相较于现有的评价维度，本研究构建的评价指标体系覆盖了区域人才一体化"投入—合作—共享"的完整过程，同时聚焦人才导向，兼顾了客观数据与主观人才感知，为区域人才一体化指标体系的设计奠定了基础。

5.3　结构维度及指标体系

根据系统性、协同性、特定性、可测量性、可得性、相关性、主观和客观相结合的构建原则，在 I－P－O 全过程构建逻辑的指导下，结合区域人才一体化的特殊性，本研究从投入（准备）、合作过程、人才共享（效果）等方面，构建了包含人才综合实力、人才服务一体化、人才管理一体化、人才共享四个维度的框架。之后，系统整理了国内外有关人才一体化、区域人才共享的文献与指标体系。同时，系统梳理了区域人才一体化相关的政策文件，包括《京津冀协同发展规划纲要》《长江三角洲区域一体化发展规划纲要》《粤港澳大湾区发展规划纲要》等区域一体化发展政策文件,《长江三角洲人才开发一体化共同宣言》《京津冀人才开发一体化合作协议》《京津冀人才交流合作协议书》等区域人才一体化发展的政策文件,以及《国家中长期人才发展规划纲要》《关于深化人才发展体制机制改革的意见》《关于构建更加完善的要素市场化配置体制机制的意见》等人才要素相关的政策文件。基于对政策文件和理论文献的系统梳理,得到区域人才一体化的初始指标。与此同时,组织理论专家和实务专家召开讨论会,经验丰富的理论专家与实务专家对初步拟定的评价指标体系进行了充分讨论,专家提出的意见是完善区域人才一体化评价体系的重要参考依据。在此基础上,采用专家背对背评估和专家集体决策法对评价体系再次进行润色、完善,最终构建出区域人才一体化评价指标体系。

区域人才一体化评价指标体系中,包括人才综合实力、人才服务一体化、人才管理一体化和人才共享四个一级指标,覆盖了区域人才一体化从投入到合作过程再到最终目标的完整逻辑链条。

人才综合实力一级指标关注区域人才一体化的投入(准备),包含人才投入、人才环境、人才产出、人才效益四个二级指标。四个二级指标的选择参考了国内外关于人才竞争力的研究和指标体系。区域人才竞争力的提升,是实现区域人才一体化的基础。第一,人才投入是指对人才培养和培训的各种投入,选取公共教育支出占GDP比重、研发经费支出占GDP比重、基本社会保障支出占GDP比重代表人才投入。第二,人才现状是指人才的总量、结果,或者潜在的人才数量。"高端人才"作为知识经济的核心要素成为各地人才争夺的主要对象,因此将高端人才作为人才产出的关注重点,选取每万人中研究生学历或副高以上职称的高层次人才数、省级及以上人才计划数代表人才产出。第三,人才环境是指人才生活和工作的周边环境。居住条件、医疗条件等对于人才来说尤为重要,选取人均人才公寓面积、二级及以上医院数量代表人才环境。第四,人才产出是指人才在社会经济、文化方面的贡献,选取城乡居民人均可支配收入、全社会劳动生产率代表人才产出。

人才服务一体化与人才管理一体化关注区域人才一体化的合作过程。二级指标的选取主要参考了《长江三角洲人才开发一体化共同宣言》以及各地推进人才一体化过程中签订的多项战略合作协议。人才服务一体化一级指标包括区域平台服务、市场化的中介服务和社会保障三个二级指标,用来衡量区域人才公共服务体系的政策互通程度。其中,选取区域人才协调机构、人才信息共享代表平台服务,选取每万人中人力资源服务机构从业人数、每万人中人力资源服务机构数代表中介服务,选取社会保险转移接续满意度、异地就医满意度、异地子女入学满意度、积分落户协调程度代表社会保障。人才管理一体化一级指标包括人才认定、人才激励两个二级指标,用来衡量区域人才大市场建设状况。选取人才评价标准、职业资格和技术等级认定代表人才认定,选取薪酬激励、住房补贴代表人才激励。由于人才一体化的合作过程难以通过统计数据进行系统、真实的反馈,同时,人才服务与人才管理的对象都是人才,只有得到人才的认可,才能切实吸引人才、留住人才、驱动人才发展。因此,人才服务一体化与人才管理一体化主要关注人才群体的政策感知与满意度,通过重点园区、重点领域人才的匿名问卷调研获取主观数据。

人才共享关注区域人才一体化的共享效果,这一方面体现为人才的有序自由流动,另一方面体现为区域深度科技合作、共赢共享,因此人才共享维度包括人才流动和科研合作两个二级指标。在三级指标选择上,人才流动二级指标从开放性和重要性两个方面,选择区域内从业人员占本地从业人员的比例和区域内从业人员占本地外来从业人员的比例两个三级指标;科研合作二级指标设置技术交易成交额占 GDP 比重、合作建立产业园等三级指标。

5.4　相对权重设置

目前,确定指标权重的方法有多种,可大概分为三类:一是主观赋值法,如专家打分法;二是客观赋值法,如熵值法、因子分析法;三是主客观结合法,如层次分析法。专家打分法等主观赋值法主观性较强,熵值法等客观赋值法虽然较为客观,但不能充分反映指标详细含义。为合理区分不同指标的重要程度,真实考察指标体系不同层面在评价区域人才一体化中的客观性和重要性,本研究使用层次分析法(AHP)确定指标权重。层次分析法将专家智慧与理性分析相结合,既能充分反映指标详细含义,又能提高评价指标体系的客观性。具体操作步骤如下:

首先,根据构建的评价指标体系,建立指标层次结构。将区域人才一体化(A)设定为目标层,四个一级指标为衡量区域人才一体化的准则层,分别为区域人才综合实力(B1)、人才服务一体化(B2)、人才管理一体化(B3)、人才共享(B4),十一个二级指标(C1—C11)为衡量区域人才一体化的领域层。

其次,根据指标层次结构,构建判断矩阵。判断矩阵的判断值是下一层的两个因素相对上一层的相对权重值,用 a_{ij} 表示,即因素 i 与因素 j 重要性比较的结果。举例来说,目标层人才一体化(A)下有四项准则层指标(B1—B4),两两比较则构建出准则层对目标层的指标权重判断矩阵。判断矩阵的判断值一般根据萨蒂(Saaty)1—9 标度法得到(如表 5-1 所示):标度 1 表示两个因素同等重要;标度 3 表示因素 i 比因素 j 稍微重要;标度 5 表示因素 i 比因素 j 较强重要;标度 7 表示因素 i 比因素 j 强烈重要;标度 9 表示因素 i 比因素 j 极端重要;标度 2、4、6、8 表示标度 1、3、5、7、9 中相邻判断的中间值。同时,判断矩阵的性质如式(5-1)所示:

$$a_{ij} = \frac{1}{a_{ji}} \qquad (5-1)$$

表 5 - 1　判断矩阵标度表

因素 i 比因素 j	量　化　值
同等重要	1
稍微重要	3
较强重要	5
强烈重要	7
极端重要	9
两相邻判断的中间值	2,4,6,8

再次,专家打分确定指标权重。将判断矩阵简化为方便易懂的调查问卷,发送给相关领域的 5 位专家。专家们按照萨蒂(Saaty)1—9 的标度赋值法,通过两两比较确定同一层次因素间的相对重要性。之后,进行判断矩阵一致性检验。检验系数 CR 的计算如下:首先,计算一致性指标 CI,CI 的计算如式(5-2)所示,λ_{max} 为判断矩阵的最大特征根,当且仅当 $\lambda = n$ 时,为一致矩阵。因此,CI 越大,不一致性越严重,CI 越接近 0,一致性越强;之后,引入随机一致性指标 RI 式(5-3),RI 与判断矩阵的阶数有关,判断矩阵阶数越大,RI 越大;再将 CI 与 RI 进行比较得到检验系数 CR 式(5-4)。一般认为,CR<0.1,则可判断随机一致性检验可接受,权重配置合理。

$$CI = \frac{\lambda - n}{n - 1} \qquad (5-2)$$

$$RI = \frac{CI_1 + CI_2 + \cdots + CI_n}{n} \qquad (5-3)$$

$$CR = \frac{CI}{RI} \qquad (5-4)$$

最后，将专家们的打分结果通过 Yaaph 12.0 软件进行计算，得到各层次指标的权重，并通过判断矩阵一致性检验，最终指标权重结果如表 5－2 所示。一级指标中，人才服务一体化的权重最高，其次为人才综合实力，再次为人才管理一体化，最后是人才交流一体化。在人才综合实力的四项指标中，人才环境的权重最高，人才投入的权重最低；在人才服务一体化的三项指标中，社会保障的权重最高，中介服务的权重最低；在人才管理一体化的两项指标中，人才激励的权重高于人才认定；在人才交流一体化的两项指标中，科研合作的权重高于人才流动。

表 5－2　区域人才一体化评价指标体系权重

目标层	准则层	权重	领域层	权重
人才一体化	人才综合实力	0.261	人才投入	0.013
			人才产出	0.039
			人才环境	0.123
			人才效率	0.086
	人才服务一体化	0.447	平台服务	0.121
			中介服务	0.070
			社会保障	0.255
	人才管理一体化	0.152	人才认定	0.044
			人才激励	0.107
	人才共享	0.140	人才流动	0.021
			科研合作	0.120

在区域人才一体化评价指标体系的四个一级指标中，人才服务一体化的权重最高，达到 0.447 0，其次为人才综合实力和人才服务一体化，分别达到 0.261 0 和 0.151 7，人才共享的权重最低，为 0.140 3。从二级指标权重结果来看，在 11 个二级指标中，社会保障

的权重最大,权重为 0.255 4,其次是人才环境和平台服务,权重分别为 0.123 3 和 0.121 4。此外,科研合作和人才激励的权重也较高,分别为 0.119 7 和 0.107 4。结果表明,推动区域人才一体化进程,要重点关注区域公共服务的对接,提升人才的政策感知度和满意度。同时,要着力打破政府间合作障碍,实现人才政策与人才信息共享,强化人才"深度"共享。这与已有研究和作者的调研结果一致,在区域一体化进程中,教育、医疗等是人才特别关切的内容。

区域人才一体化可从两个方面理解:第一,在区域内各地人才竞争力持续增长的前提下,地区间人才差距不断缩小,区域人才结构更加协调;第二,区域人才一体化并不是人才结构的同质化、同构化,而是统筹规划区域发展,形成地区间的合理分工,实现人才在不同地区间的有序自由流动。因此,如果只关注区域内各地人才发展水平的一致、强调协同合作而不能有效提升区域人才竞争力,就是一种无效的一体化;如果只强调区域人才竞争力的提升,但内部缺乏协调合作,就是一种不均衡且低效率的发展。

为构建区域人才一体化的指标体系,本部分系统梳理了区域人才一体化的研究,明确了指标体系的构建原则和构建逻辑。构建区域人才一体化评价体系应遵循系统性、协同性、特定性、可测量性、可得性、相关性、主观和客观相结合的构建原则,同时依据区域人才一体化投入(准备)、合作过程、人才共享(效果)的 I-P-O 全过程构建逻辑。基于此,本部分构建了区域人才一体化的评价指标体系,评价指标体系包括人才综合实力、人才服务一体化、人才管理一体化、人才共享 4 个一级指标,11 个二级指标以及 25 个三级指标。

同时,本部分采用层次分析法确定指标权重,既充分反映指标详细含义,又有各维度的发展水平,真实反映出区域人才一体化推进过程中存在的问题与不足,为制定区域人才一体化发展的政策建议提供决策依据和参考。

6 示范区人才一体化：基于重点人才群体主观感知评估

2018年11月，习近平总书记在首届中国国际进口博览会上宣布"支持长江三角洲区域一体化发展并上升为国家战略"。2019年5月，中央政治局会议审议通过的《长江三角洲区域一体化发展规划纲要》提出，要高水平建设长三角生态绿色一体化发展示范区（以下简称"示范区"），示范引领长三角地区更高质量一体化发展。同年10月，《长三角生态绿色一体化发展示范区总体方案》由国务院批复。随着长三角区域一体化发展战略的实施和示范区建设的先行推进，示范区人才一体化正在有序推进中，为评估示范区人才一体化发展情况，本部分聚焦示范区的重点人才群体，从人才主观感知的视角对示范区人才一体化发展状况展开研究，分析区域人才一体化合作过程和区域内人才对区域一体化发展的实际感受。之所以这样安排，是因为聚焦示范区人才一体化发展状况，有助于深入分析当前人才一体化过程中取得的进步与存在的不足，为更大范围上更好地推进区域人才一体化提供对策建议。示范区是实施长三角一体化发展国家战略的先手棋和突破口。示范区范围包括上海市青浦区、江苏省苏州市吴江区、浙江省嘉兴市嘉善县（以下简称"两区一县"）。通过聚焦示范区人才一体化制度创新，形成一批可复制可推广的经验，充分发挥示范引领长三角更高质量一体化发展的标杆作用。此外,人才主观感知是衡量区域人才一体化的关键要素。区域人才一体化的落脚点在于人才,只有得到人才的认可,才能切实吸引人才、留住人才、驱动人才发展。同时,由区域人才一体化的内涵来看,区域人才一体化的核心是要在地区人口之间形成一种"共同体意识"或认同感,强调人才具有共同的价值观。鉴于此,有必要通过重点人才群体来进行第三方的有关区域人才一体化发展状况的主观感知评估。

6.1 数据采集过程

基于重点人才群体主观感知的示范区人才一体化发展现状通过匿名问卷调研的方式收集数据。匿名问卷调研在示范区"两区一县"同时开展,调研对象以在示范区内生活、工作和发展的工作人员为主,对各区(县)重点园区、重点行业的重点人才群体进行调研。调研内容包括两方面内容:一方面是调研区域人才一体化的合作过程,这是区域人才一体化的核心,包括人才服务一体化和人才管理一体化两个维度。由于区域人才一体化的合作过程难以通过统计数据进行系统、真实的反馈,同时,人才服务与人才管理的对象都是人才,只有得到人才的认可,才能切实吸引人才、留住人才、驱动人才发展。因此,采用匿名问卷调研的方式收集示范区重点园区、重点领域人才对于人才服务一体化和人才管理一体化的主观感受数据。另一方面是调研区域人才的"共同体意识"或认同感,这是衡量区域人才一体化程度的重要指标。邀请调研对象根据自己在区域内生活和发展的实际感受,从人才一体化工作推进的信心、推介行为、未来工作意愿、一体化工作满意度等方面进行总体感知评估。

根据示范区人才一体化发展状况调研样本的需要,以及本次调研开展的时间、地域需求,项目组统筹协调调研工作,在示范区三地(青浦区、吴江区和嘉善县)组织部门协助下,项目团队进行调研,调研时间为 2020 年 8—9 月。

本次调研在规定时间内，共回收问卷 514 份，剔除无关问卷后，最终回收有效重点人才群体问卷 485 份，有效率为 94.36％。

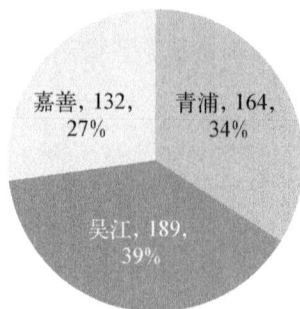

图 6-1　调研对象地区分布

从调研对象的分布来看，吴江区的调研对象最多，有 189 人，占全部调研对象的 39％；青浦区的调研对象为 164 人，占全部调研对象的 34％；嘉善县的调研对象为 132 人，占全部调研对象的 27％。三地调研对象数量基本均衡，能够较好地代表示范区人才（见图 6-1）。

从性别上来看，除去缺失的样本，参与调研的人才中，女性较少，为 186 人，约占全部调研对象的 40％，男性较多，为 299 人，约占全部调研对象的 60％（见图 6-2）。

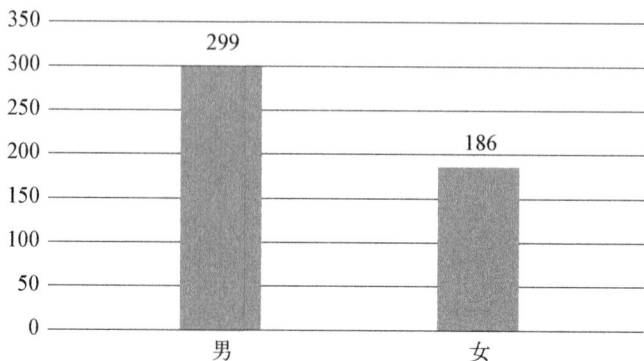

图 6-2　调研对象性别分布

从调研对象的年龄来看，31—40 岁的人才占比最多，达到 40％；其次是 41—50 岁的人才，占 27％；再次为 21—30 岁的人才，占 24％。51—60 岁的人才占 8％，61 岁以上人才最少，占 1％。整体来看，调研对象年龄较为集中，大多数调研对象的年龄在 40 岁以下,年轻人居多(见图6-3)。

从调研对象到示范区发展的工作年限来看,以年为计算单位,有54位调研对象来示范区发展的工作年限在1年以内,也有工作年限较长的,有21位调研对象在示范区工作了25年以上。2—5年工作年限的调研对象最多,有167人;6—10年工作年限的调研对象有112人;11—15年工作年限的调研

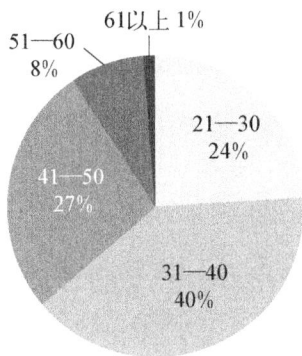

图6-3 调研对象年龄分布

对象有61人;16—20年工作年限的调研对象有49人(见图6-4)。由此可见,大部分调研对象已经在示范区有一段时间的工作经历,对示范区的发展与变化有较为深入的了解,能够较好地反馈示范区一体化发展所带来的变化与感受。

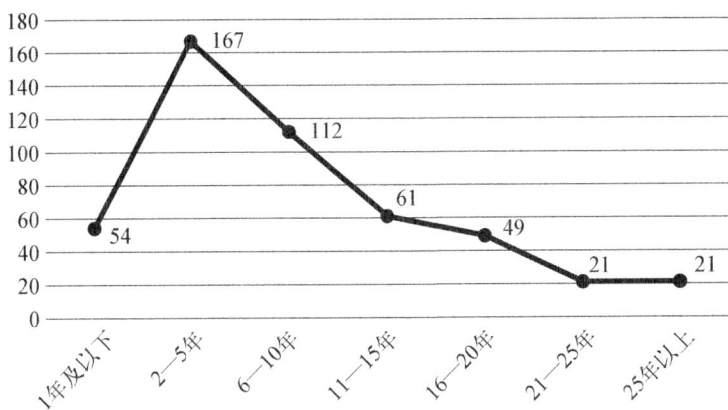

图6-4 调研对象工作年限分布

从调研对象的籍贯来看,主要来自上海、江苏、浙江、山东、河南、安徽、北京、四川等地。由此来看,来示范区发展的人才来自全国各地,说明示范区对全国各地人才的吸引力较强。同时,由集中趋势来看,调研对象中数量较多的是来自上海、江苏、浙江等地的人

才,说明乡土观念和就近原则在人才吸引过程中发挥了重要的作用。由调研对象目前户籍所在地来看,同样遍布全国各地,包括上海、江苏、浙江、北京、河南、湖北等地,集中趋势与调研对象的籍贯分布基本一致,集中在上海、江苏和浙江。二者对比来看,调研对象中,上海、江苏、浙江三地的户籍人才数量大于籍贯人才数,说明呈现人才流入状态;安徽、河南、湖北、山东等地户籍人才数量小于籍贯人才数,说明呈现人才流出状态(见图6-5)。

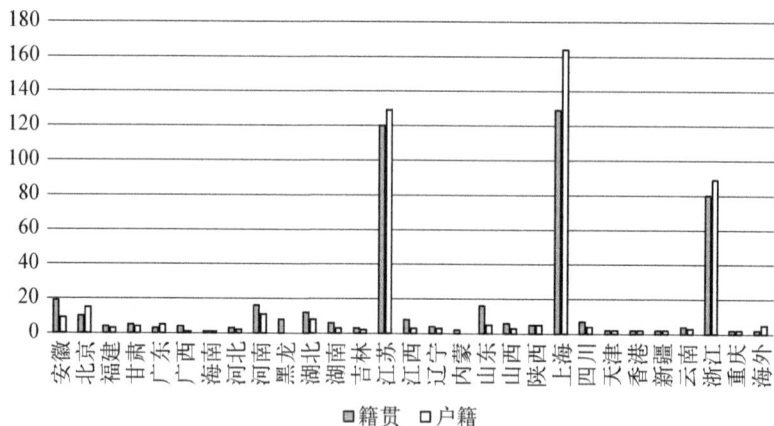

图6-5 调研对象的籍贯与户籍分布

从调研对象的学历层次整体来看,除去缺失样本,大多数调研对象都取得本科及以上学历。从国内学历层次来看,取得本科学历的人才所占比重最大,有191人,约占40%,其次为大专及以下学历,有129人,约占27%,拥有硕士和博士学历的人才分别为86人和69人;从海外学历层次来看,取得本科学历的人才有14人,取得硕士学历的人才有18人,取得博士学历的人才所占比重最大,有33人,约占1/3(见图6-6和6-7)。从数据上可以看出,在海外取得博士学位的人才在一定程度上还是愿意回国工作的。这种高层次人才对于生活品质的要求也比较高,因此,如何针对高层次人才,提升人才吸引力,提供高质量服务保障,需要示范区进一步思考与完善。

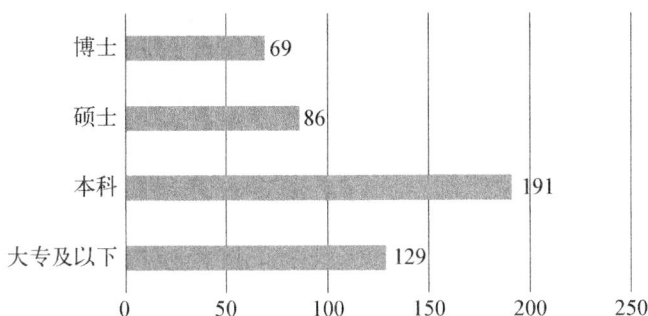

图 6-6 调研对象学历分布(在国内取得学历)

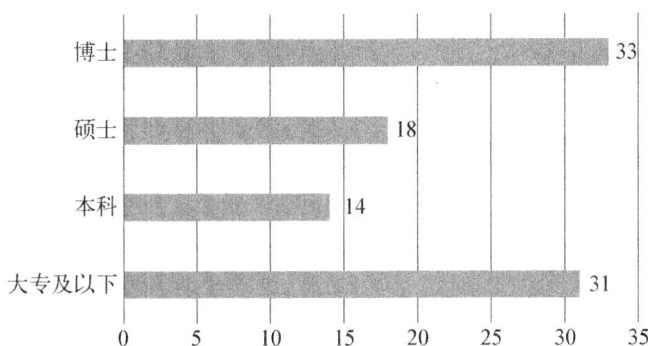

图 6-7 调研对象海外学历分布(在国外取得学历)

从调研对象的工作职务来看,除去缺失样本,一般员工数量最多,有 185 人,约占全部调研对象的 40%。部门负责人,如部门经理或科室负责人有 148 人,约占全部调研对象的 32%;单位主要负责人,如企业副总或单位副职及以上有 132 人,约占全部调研对象的 28%。比较来看,三者所占比例大体相当,说明调研对象能够较好地代表不同层次人才对于区域人才一体化的观点(见图 6-8)。

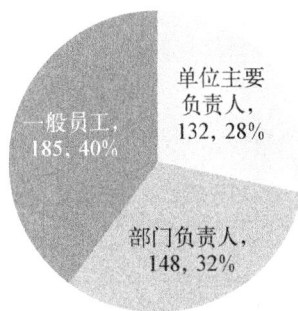

图 6-8 调研对象工作职务分布

6.2　示范区人才一体化发展状况主观评估结果

6.2.1　人才服务一体化发展状况

从人才服务一体化柱状图可见（见图6-9），示范区在平台服务和社会保障指数上发展状况良好，二者相对均衡。具体来看，当前示范区已组建一体化示范区执委会，并成立综合协调组、政策法规组、生态和规划建设组、营商和产业发展组、公共服务和社会发展组等5个工作组，统筹示范区政策与项目的落地实施。同时，社会保障方面，示范区也围绕医保、住房公积金等开展了多项政策创新。如实现医保一卡通2.0，三地人才异地门急诊就医无需备案可直接刷卡结算，2021年，进一步扩充了异地就医免备案范围，实现了示范区异地就医结算全领域免备案；住房方面，上海、江苏、浙江、安徽三省一市住建部门共同签署《长三角住房公积金一体化战略合作框架协议》，并发布首批一体化实施项目，包括长三角公积金异地贷款缴存使用证明项目和长三角购房提取异常警示项目，2021年5月，上海公积金中心在示范区试点提取住房公积金偿还异地购房贷款业务。

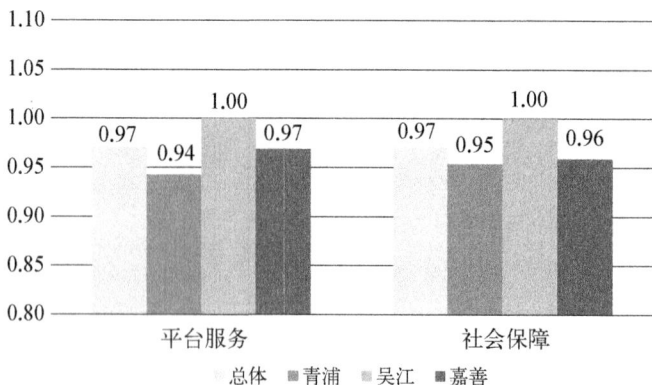

图6-9　人才服务一体化发展状况

由青浦、吴江、嘉善三地对比来看，吴江的平台服务指数和社会保障指数均超过示范区平均水平，为三地最高，这说明吴江区的重点人才群体对公共服务政策的协调程度、信息共享程度等人才服务的满意度最高、感受度最强。青浦区平台服务指数和社会保障指数均为三地最低，且平台服务指数低于社会保障指数。嘉善县平台服务指数和社会保障指数位于三地的中间水平，且平台服务指数略高于社会保障指数。

从平台服务这一二级指标的柱状图可见（见图6-10），示范区对区域人才协调机构的满意度较高，为4.11分，对区域人才信息共享的满意度相对较低，为4.06分。如前所述，示范区目前已设立一体化示范区执委会，统筹推进示范区一体化进程。同时，示范区也正逐步推动人才信息共享，如2021年，在一体化示范区执委会的指导下，"两区一县"联合开展"智汇长三角"一体化示范区校园引才专场活动，力图扩大一体化示范区知名度，打响示范区引才品牌。由青浦、吴江、嘉善三地分别来看，吴江区对人才协调机构和人才信息共享的满意度均超过示范区平均水平，分别为4.31分和4.23分，为三地最高。嘉善县对人才协调机构的满意度为4.07分，高于对信息共享的满意度，这一趋势与吴江区一致。青浦区对平台服务这一

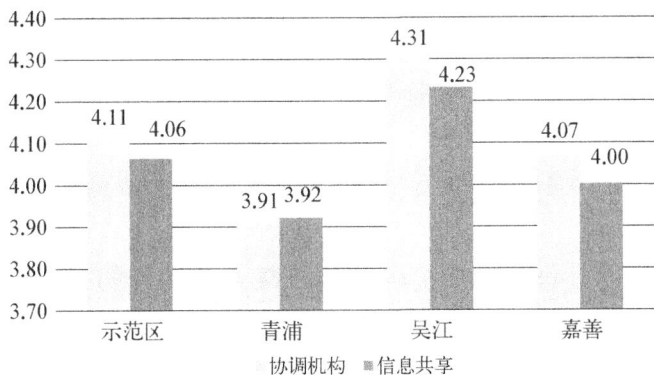

图6-10 平台服务二级指标

二级指标的满意度为三地最低,对协调机构的满意度为 3.91 分,低于信息共享的满意度。

　　从权重最高的社会保障这一二级指标的柱状图可见(见图6-11),目前示范区内人才对社会保险的转移接续、异地就医的满意度较高,达到 4.06 分,其次为积分落户的协调程度,为 4.01 分,对异地子女入学的满意度最低,仅为 3.98 分。由青浦、吴江、嘉善三地对比来看,吴江区在社会保障的四个三级指标中都表现良好,远超其他两地,说明吴江区的重点人才群体对社会保险的转移接续、异地就医、异地子女入学、积分落户状况的满意度最高。青浦区和嘉善县对异地子女入学的满意度最低,均为 3.86 分,说明解决重点人才群体的子女教育问题是提升人才满意度和感受度,推动区域人才一体化的关键。

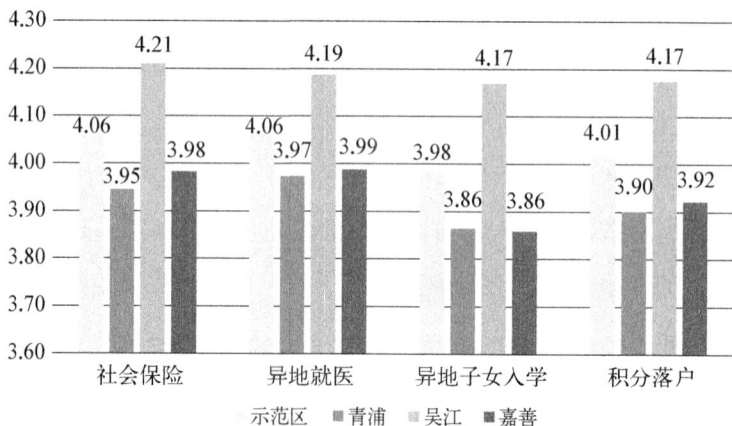

图6-11　社会保障二级指标

6.2.2　人才管理一体化发展状况

　　从人才管理一体化柱状图可见(见图6-12),示范区在人才激励和人才认定指数上发展态势均衡,但人才认定指数略高于人才激励指数。这与示范区人才一体化的推进状况基本一致,当前示范区围绕职业资格和技术等级认定、人才评价标准出台了多项政策。具体来看，上海市、江苏省和浙江省政府联合出台的《关于支持长三角生态绿色一体化发展示范区高质量发展的若干政策措施》就统一职业资格考试合格标准和职称评审标准、职称互认、继续教育资源共享等做出指示。此后，一体化示范区执委会会同沪苏浙两省一市人力社保部门联合发布《长三角生态绿色一体化发展示范区专业技术人才资格和继续教育学时互认暂行办法》，并出台了示范区首个高级职称评审方案——《长三角生态绿色一体化发展示范区机械专业高级工程师职称联合评审工作方案》，明确由示范区执委会、两省一市人社部门共同组建高级工程师职称联合评审委员会。此外，针对外国高端人才的认定，一体化示范区执委会联合沪苏浙科技外专部门联合发布了《长三角生态绿色一体化发展示范区外国高端人才工作许可互认实施方案》，实现外国高端人才一地认定、三地互认，构建了更加开放的人才管理服务体制。

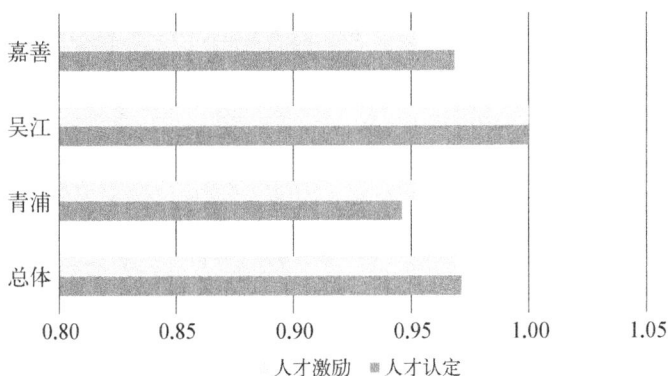

图 6-12 人才管理一体化发展状况

由青浦、吴江、嘉善三地对比来看，吴江的人才认定指数和人才激励指数均超过示范区平均水平，为三地最高，这说明吴江区的重点人才群体对人才评价标准、职业资格和技术等级认定、薪酬及补贴等人才市场化建设的满意度最高。青浦区人才激励指数高于人才认定指数,说明青浦区的重点人才对于薪酬、住房补贴等人才激励政策满意度较高。嘉善县人才认定指数高于人才激励指数,说明嘉善县的重点人才对于人才评价标准、职业资格和技术等级认定等人才认定政策的满意度较高。

从人才认定这一二级指标的柱状图可见(见图6-13),在示范区层面,人才评价标准、职业资格和技术等级认定得分一致,均为4.08分,说明当前示范区围绕这一二级指标的发展比较均衡,已出台多项政策,为区域人才大市场的构建消除了障碍。由三地对比来看,吴江区得分为三地最高,人才评价标准得分为4.24分,职业资格和技术等级认定得分为4.25分。其次为嘉善县,人才评价标准的得分为4.03分,职业资格和技术等级认定的得分为4.04分。青浦区得分最低,人才评价标准、职业资格和技术等级认定均为3.92分。

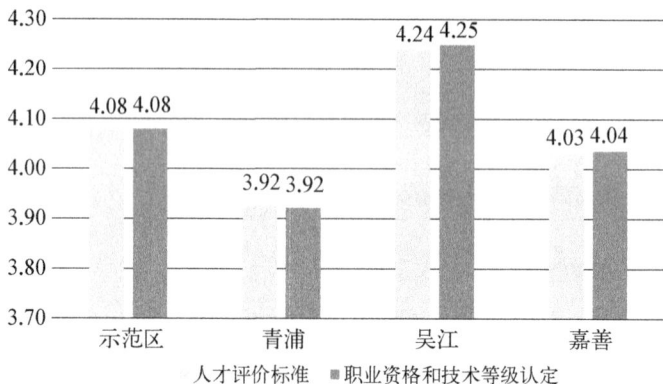

图6-13　人才认定二级指标

根据权重相对较高的人才激励这一二级指标的柱状图(见图6-14),从示范区整体来看,重点人才群体对住房补贴的满意度较高,得分为3.92分,对薪酬激励的满意度较低,得分为3.85分,这说明当前"两区一县"的人才政策对住房补贴的补助相对比较均衡,人才满意度较高。由青浦、吴江、嘉善三地对比来看,吴江区在薪酬激励和住房补贴的两个三级指标中表现较好，得分高于示范区平均水平，且人才对住房补贴的满意度高于对人才激励的满意度。青浦区和嘉善县在人才激励方面的得分低于示范区平均水平，薪酬激励方面，青浦区得分略高，为 3.76 分；住房补贴方面，嘉善县得分略高，为 3.82 分。

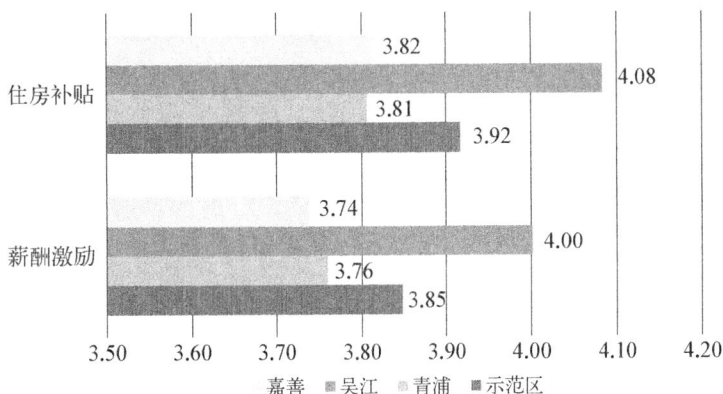

图 6-14 人才激励二级指标

6.3 关于示范区人才一体化工作推进的主观评价

6.3.1 人才一体化工作推进的信心

对示范区人才一体化工作推进的信心，除去缺失的样本，调查数据显示，有 46% 的调研对象表示"非常有信心"，有 42% 的调研对象表示"有信心"，有 10% 的调研对象表示"一般"，有 1% 的调研对象表示"没有信心"，有 1% 的调研对象表示"非常没有信心"（见图 6-15）。对长三角人才一体化工作推进的信心，47% 的调研对象表示"非常有信心"，40% 的调研对象表示"有信心"，11% 的调研对象表示"一般"，1% 的调研对象表示"没有信心"，1% 的调研对象表示"非常没有信心"（见图 6-16）。从所持不同意见的比重来看，有 88% 的调研对象对示范区人才一体化工作具有信心，对长三角人才一体化工作具有信心的比例为 87%。

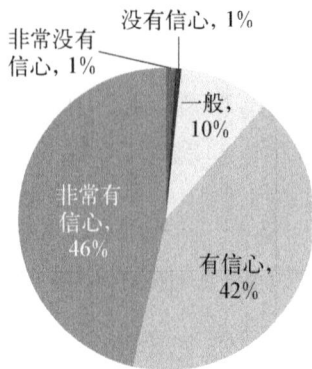

图 6-15　示范区人才对一体化
工作推进的信心

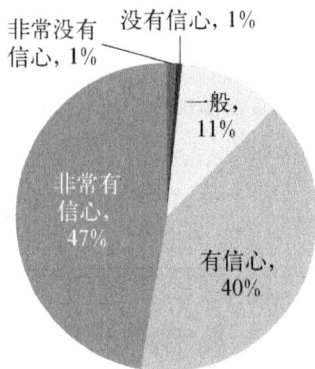

图 6-16　长三角人才对一体化
工作推进的信心

　　从"两区一县"对比来看，对示范区人才一体化工作推进的信心，吴江区调研对象对示范区人才一体化工作的信心最高，超过一半的调研对象表示"非常有信心"，90%以上的调研对象表示有信心。嘉善县约87%的调研对象表示对示范区人才一体化工作有信心。青浦区约82%的调研对象表示有信心，所占比例最低，其中，"非常有信心"的人才占28%，为三地最低，"有信心"的人才占54%。对长三角人才一体化工作推进的信心，吴江区95%的调研对象表示有信心，其中，63%的调研对象表示"非常有信心"。青浦区调研对象中表示"非常有信心"的占比为三地最少，为29%，表示"有信心"的人才占比53%。嘉善县调研对象中，表示"非常有信心"的人才占47%，表示"有信心"的人才占36%（见图 6-17 和6-18）。

　　总体来看，调研对象对示范区和长三角人才一体化工作推进信心程度高，且对示范区人才一体化工作推进的信心甚至略高于对长三角人才一体化工作的信心，说明示范区人才一体化的发展前景得到人才的充分认同。同时，也有2%的调研对象表示对人才一体化工作推进没有信心。这说明大部分人才认可示范区和长三角人才

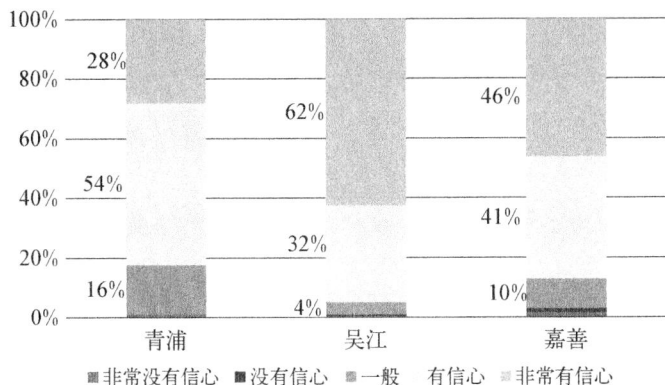

图 6-17 "两区一县"人才对示范区人才一体化工作推进的信心

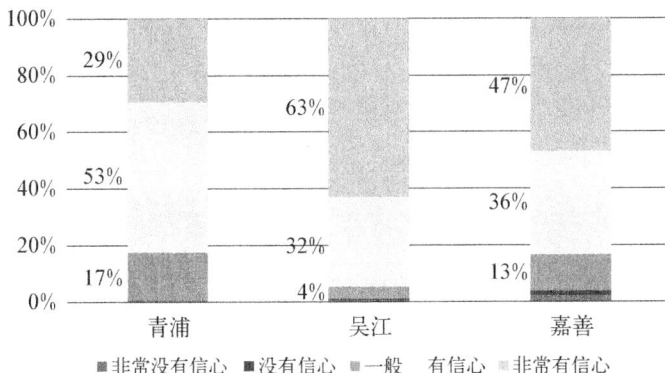

图 6-18 "两区一县"人才对长三角人才一体化工作推进的信心

一体化的发展前景，但也有部分人才对于未来发展缺乏认识。由三地对比来看，吴江区人才对示范区和长三角人才一体化工作推进的信心程度最高，青浦区人才对示范区和长三角人才一体化工作推进的信心程度最低，接下来根据各地特点，有效推进人才一体化政策和举措的落实和宣传至关重要。

6.3.2 是否会推介人才来长三角/示范区发展

对调研对象是否会推荐亲戚、朋友或其他业务伙伴来示范区/长三角工作的调查中，有 48% 的调研对象表示"一定会"推介人才来示范区发展,有47%的调研对象表示"一定会"推介人才来长三角发展,有42%的调研对象表示"可能会"推介人才来示范区发展,有44%的调研对象表示"可能会"推介人才来长三角发展(见图6-19和图6-20)。

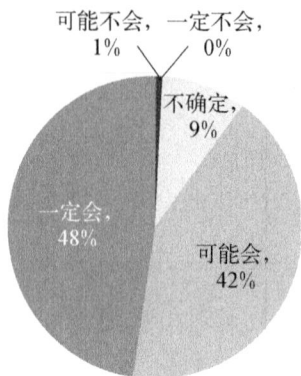

图6-19　是否会推介人才
来示范区发展

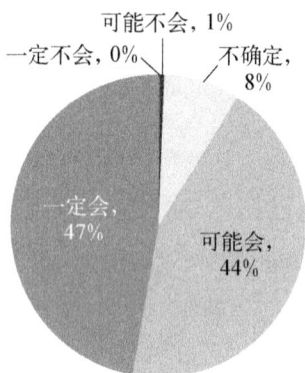

图6-20　是否会推介人才
来长三角发展

从"两区一县"对比来看,对调研对象是否会推荐亲戚、朋友或其他业务伙伴来示范区工作的调查中,吴江区表示"一定会"推介人才来示范区发展的人数最多,有119人,其次为嘉善县,有64人,人数最少的是青浦区,仅48人表示"一定会"推介人才来示范区发展。表示"可能会"推介人才来示范区发展的类别中,青浦区调研对象数量最多,有92人,吴江区为65人,嘉善县为48人。对调研对象是否会推荐亲戚、朋友或其他业务伙伴来长三角工作的调查中,同样的,吴江区表示"一定会"推介人才的人数最多,为119人,青浦区表示"一定会"推介人才的人数最少,不到吴江区的一半,为45人。表示"可能会"推介人才来长三角的类别中,青浦区调研对象数量最多,有96人,吴江区为64人,嘉善县为53人(见图6-21和6-22)。

从整体比例来看,有90%的调研对象很可能或一定会推介亲

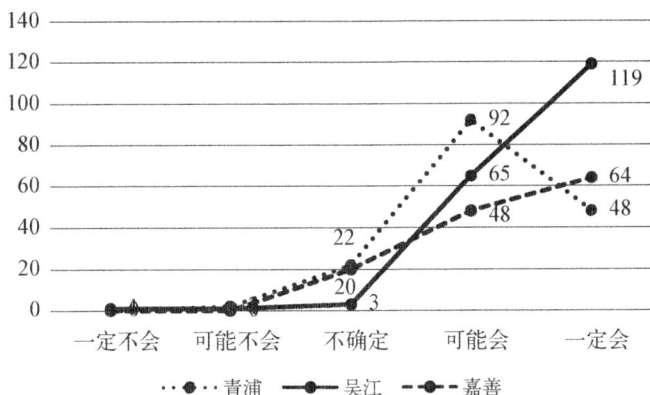

图 6-21 "两区一县"人才是否会推介人才来示范区发展

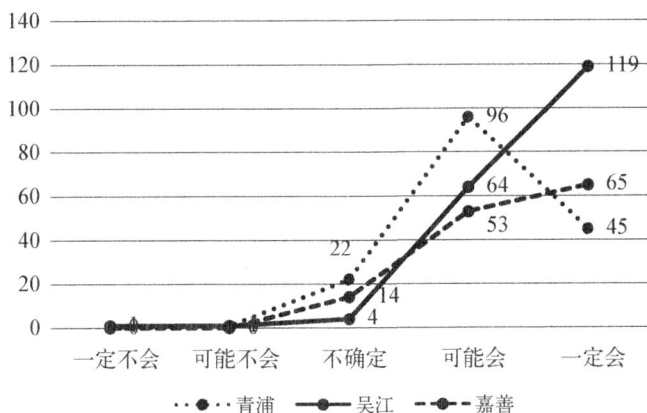

图 6-22 "两区一县"人才是否会推介人才来长三角发展

戚、朋友或其他业务伙伴来示范区发展,有 91% 的调研对象很可能或一定会推介亲戚、朋友或其他业务伙伴来长三角发展,这说明示范区目前的工作和生活氛围得到了人才的充分认可,人才对示范区和长三角未来的一体化发展充满信心。从三地对比来看,吴江区表示"一定会"推介人才来示范区/长三角发展人数最多,有 119 人,青浦区表示"可能会"推介人才来示范区/长三角发展的人数最多,分别为 92 人和 96 人,这说明相对青浦区人才,吴江区人才对示范区和长三角未来一体化发展的信心更强。

6.3.3　未来是否会继续留在长三角/示范区工作

通过对人才未来是否会继续留在示范区工作的想法展开调查，有 242 位调研对象表示"一定会"继续留在示范区工作，有 202 位调研对象表示"可能会"继续留在示范区工作，有 38 位调研对象表示"不确定"，有 1 位调研对象表示"可能不会"继续留在示范区工作，有 2 位调研对象表示"一定不会"继续留在示范区工作。人才是否会继续留在长三角工作的结果分别为：253 位调研对象表示"一定会"，202 位调研对象表示"可能会"，28 位调研对象表示"不确定"，1 位调研对象表示"可能不会"，1 位调研对象表示"一定不会"。从整体来看，有 41 位调研对象对未来是否继续留在示范区工作持不确定或消极态度，有 30 位调研对象对未来是否继续留在长三角工作持不确定或消极态度，因此很可能会产生人才的流失，如何在引进人才的同时留住人才，是一个值得思考的重要问题（见图 6-23）。

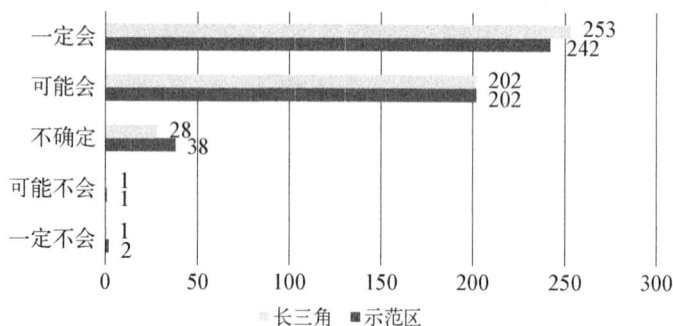

图 6-23　是否会继续留在长三角/示范区工作

从青浦、吴江、嘉善三地对比看，关于调研对象是否会继续留在示范区工作的调查中，吴江区调研对象愿意留在示范区工作的比例最高，124 人表示"一定会"留在示范区工作，占比超过一半。青浦区表示"一定会"留在示范区工作的人数最少，仅 53 人，嘉善县有 65 人表示"一定会"留在示范区工作。关于调研对象是否会继续留在长三角工作的调查中，吴江区超过 60%的调研对象表示"一定会"继续留在长三角工作，有130人。其次为嘉善县，有69人表示"一定会"继续留在长三角工作，人数最少的是青浦区，仅54人表示"一定会"继续留在长三角工作。表示"可能会"继续留在长三角工作的调研对象中，青浦区的人数最多，有94人表示"可能会"继续留在长三角工作，吴江区和嘉善县分别为56人和52人。这说明相较另外两地，吴江区人才对继续留在长三角/示范区工作持更加积极的态度（见图6-24和6-25）。

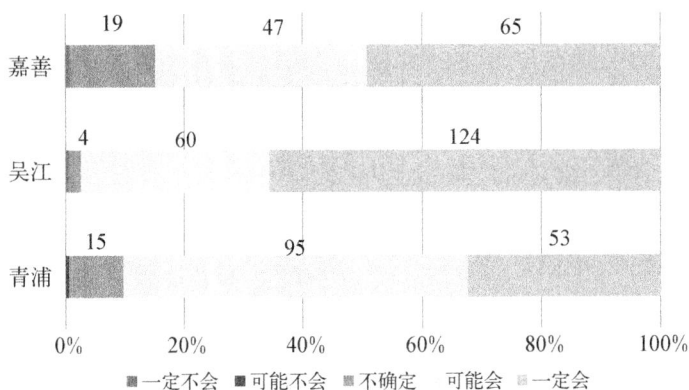

图6-24 "两区一县"人才是否会继续留在示范区工作

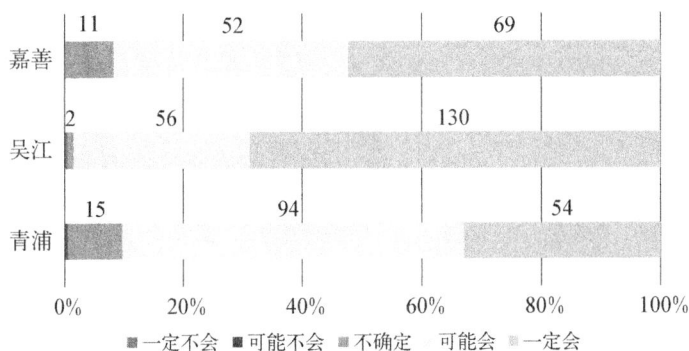

图6-25 "两区一县"人才是否会继续留在长三角工作

6.3.4 示范区生活和发展的满意度

通过对示范区生活和发展感受的总体评价展开调查，除去缺失值，调查数据显示：从青浦、吴江、嘉善三地对比来看，吴江区对示范区生活和发展持"非常满意"态度的调研对象最多，其次为嘉善县，青浦区最少。青浦区对示范区生活和发展"非常不满意""不满意""无意见""满意"的调研对象最多，超过另外两区。从示范区整体来看，有204位调研对象表示对自己在示范区内生活和发展"非常满意"，有211位调研对象表示"满意"，有64位调研对象表示"无意见"，有4位调研对象表示"不满意"，有2位调研对象表示"非常不满意"。总体来看，接近90%的调研对象满意目前在示范区的生活和发展，说明示范区发展氛围和相关政策得到人才的充分认可。但还有少数调研对象表示不满意目前的生活和发展，同时，调研对象对示范区生活和发展的感受呈现地域差异，接下来如何有针对性地解决各地痛点问题是提升人才生活质量和发展感受的重点（见图6-26）。

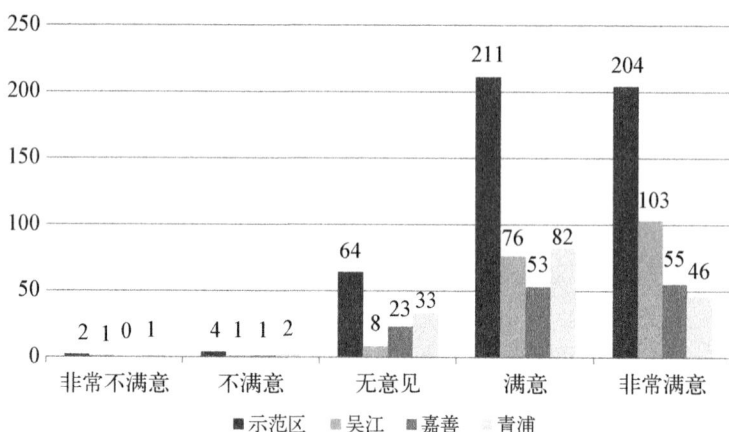

图6-26 示范区生活和发展的满意度

6.3.5 对长三角/示范区人才一体化工作的满意度

从"两区一县"对比来看，对示范区人才一体化工作的评价，吴江区调研对象对示范区人才一体化工作的满意度最高，持"非常满意"态度的人才最多，占55%，持"满意"态度的人才占37%，也就是

说,吴江区超过 90% 的调研对象对示范区人才一体化工作持满意
态度。青浦区调研对象中 75% 持满意态度,比例最低,其中,持"满
意"态度的人才最多,占 47%,持"非常满意"态度的人才占 28%。
嘉善县调研对象中,持"非常满意"和"满意"态度的人才比例相当,
分别为 39% 和 37%。对长三角人才一体化工作的评价,吴江区超
过一半的人才对长三角人才一体化持"非常满意"的态度,93% 的调
研对象持满意态度。青浦区 47% 的调研对象持"满意"态度,所占
比例最高,持"非常满意"态度的人才占 27%。嘉善县调研对象中,
持"非常满意"态度的人才占 38%,持"满意"态度的人才占 36%(见
图 6-27 和 6-28)。

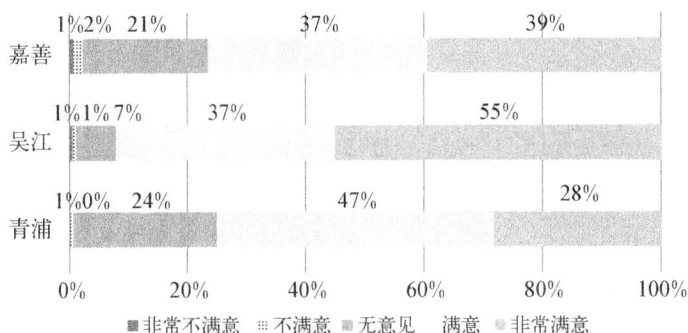

图 6-27 "两区一县"人才对示范区人才一体化工作满意度

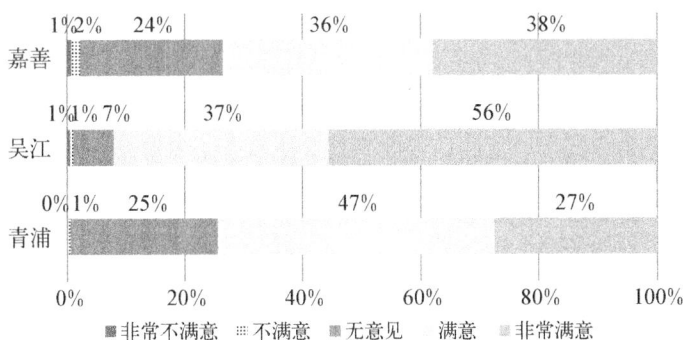

图 6-28 "两区一县"人才对长三角人才一体化工作满意度

从示范区整体来看,对示范区人才一体化工作的评价,调查数据显示:有 202 位调研对象表示"非常满意",有 196 位调研对象表示"满意",有 81 位调研对象表示"无意见",有 4 位调研对象表示"不满意",有 2 位调研对象表示"非常不满意"。对长三角人才一体化工作的总体评价,200 位调研对象表示"非常满意",193 位调研对象表示"满意",86 位调研对象表示"无意见",4 位调研对象表示"不满意",2 位调研对象表示"非常不满意"。整体来看,调研对象对示范区和长三角人才一体化工作的满意程度相当,80%以上的调研对象对示范区和长三角人才一体化工作具有满意态度,这说明目前人才一体化的政策和举措得到了人才的充分认可。同时,也有少数调研对象表示对人才一体化工作推进不满意,这很有可能是因为他们不了解目前人才一体化的各项政策措施(见图 6-29)。

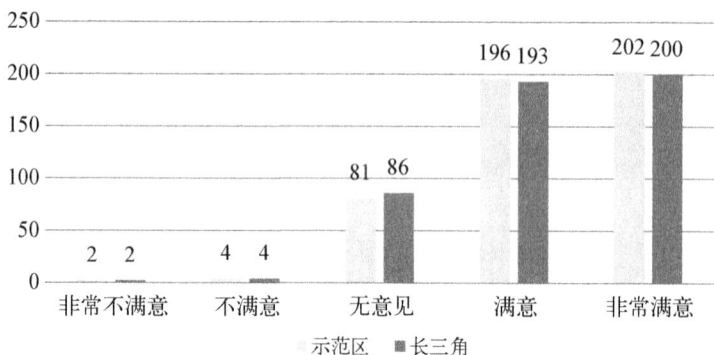

图 6-29　长三角/示范区人才一体化工作满意度

6.3.6　示范区人才一体化迫切需要解决的问题

为进一步解决人才需求,项目组通过开放式题目"您认为长三角人才一体化工作推进中迫切需要解决的问题是什么"进行了个人意见、建议的征集,共收到 505 条有效反馈。由于此次数据来源于调研对象的开放式问答,因此针对同一问题,不同的调研对象可能采取不同的表达方式。为了确保后续统计分析和数据处理的便利性,项目组首先对调研对象回答的内容进行缩写和编码。比如,"住房公积金互认互通"缩写为"住房公积金"。项目组通过共词分析法对调研对象开放式回答中出现的相同问题进行统计,通过此问题的出现频率来初步判定该问题的重要性。通过共词统计方法分析从505条开放式回答中提取关键问题15项(见表6-1)。由此可见,对大部分人才来说,他们最关心的问题是子女教育、住房、交通、薪酬、社保,以及人才引进和人才政策制定等方面。这与相关理论研究的观点一致,如郭庆松(2007)认为相比职业资格技术等级认定等,社会保障、子女教育、住房等问题对于人才来说是最为重要的,是人才在区域内流动的主要原因。同时,由开放式回答,我们可以看到,人才信息的共享、医疗、落户制度,以及人才培养与交流、政策宣传、办事效率提升、加快推进一体化进程等问题,也受到人才的关注,说明继续高效推进区域人才一体化是众望所归,这些都为接下来有针对性地开展人才一体化工作提供了启示。

表6-1 关键问题列表

序号	关键词	频次	序号	关键词	频次
1	子女教育	61	9	医疗	28
2	住房	58	10	落户制度	20
3	人才引进	52	11	政策宣传	12
4	交通	43	12	人才交流	11
5	薪酬	36	13	办事效率	9
6	社保	31	14	进度加快	8
7	信息共享	28	15	人才培养	7
8	政策制定	28			

7 示范区人才一体化：基于客观数据的评估

基于构建的区域人才一体化评价指标体系,本部分根据客观统计数据对长三角一体化上升为国家战略以来的人才一体化动态变化展开讨论,以示范区为例,分析示范区人才一体化的发展态势,了解战略推动以来人才一体化不同方面的发展速度与潜力,为未来的人才一体化工作提供更加精准的指引。

7.1 数据来源

为总体上把握示范区人才一体化发展态势,本部分中的客观数据均来源于官方统计数据。主要从《上海市统计年鉴》《苏州市统计年鉴》《嘉兴市统计年鉴》中收集部分数据,对于未收集到的其他数据,在青浦区、吴江区、嘉善县组织部的协助下,由"两区一县"的人社局、公安局、统计局等单位提供。数据采集时间聚焦于长三角上升为国家战略的时间,即对 2018—2020 年示范区人才一体化发展相关的统计数据都进行了采集(2020 年部分缺失数据依据往年增长率计算而得)。数据收集范围主要包括人才一体化投入(准备)和人才共享(效果)。一方面,长三角区域一体化上升为国家战略仅过去三年左右的时间,示范区人才一体化仍处于起步阶段,因此对于人才一体化投入(准备)的分析尤为重要,这是区域人才一体化的基础。另一方面，区域内人才自由流动是区域人才一体化的重要成效，对人才共享(效果)的分析有助于判断当前示范区人才一体化举措是否效果初显。

7.2 示范区人才一体化发展总体水平

2018—2020 年，示范区人才一体化发展总体水平稳步提升。具体来说，将 2018 年示范区人才一体化发展指数作为基准值 100，2019 年示范区人才一体化发展指数为 104，比 2018 年提升 4 个百分点，2020 年示范区人才一体化发展指数为 106，比 2018 年提升了 6 个百分点(见图 7 - 1)。

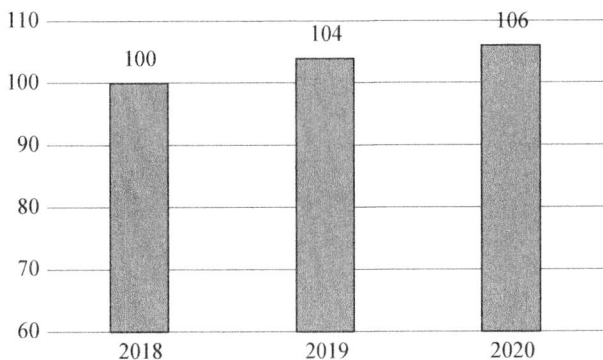

图 7 - 1 示范区人才一体化发展总体水平

首先，从政策引领视角来看，截至 2021 年 6 月，围绕示范区建设出台了多项政策方案或举措。面对长三角区域一体化国家战略的宏观背景，为深入实施《长江三角洲区域一体化发展规划纲要》和《长三角绿色生态一体化发展示范区总体方案》，示范区所在的沪苏浙三地发挥各自优势，充分融入国家战略。2019 年 6 月，浙江省委省政府印发《浙江省推进长江三角洲区域一体化发展行动方案》提出要高水平建设一体化发展示范区浙江片区，重点推进要素、公共服务等领域的一体化发展制度创新，实现共商共建共享共赢，为长三角一体化发展探索路径、提供示范。此后，上海市发布了《上海市贯彻〈长江三角洲区域一体化发展规划纲要〉实施方案》，江苏省发布了《〈长江三角洲区域一体化发展规划纲要〉江苏实施方案》，实施方案均提及聚焦示范区建设，探索一体化制度创新，为长三角一体化发展探索路径、提供示范。关于聚焦示范区建设的具体措施，2019 年 11 月，沪苏浙两省一市共同召开长三角生态绿色一体化发展示范区建设推进大会，揭牌示范区、示范区理事会、示范区执委会；2020 年 6 月，沪苏浙两省一市联合印发《关于支持长三角生态绿色一体化发展示范区高质量发展的若干政策措施》，围绕改革赋权、财政金融支持、用地保障、新基建建设、公共服务共建共享、要素流动、管理和服务创新、组织保障等方面，提出 22 条具体政策措施；同年 9 月，沪苏浙两省一市人大常委会分别表决通过《关于促进和保障长三角生态绿色一体化发展示范区建设若干问题的决定》，为《长三角生态绿色一体化发展示范区总体方案》的实施提供有力的法律保障。以方案或政策举措为指导，各地将各自发展规划与长三角一体化发展战略相结合，努力实现共性与个性的相得益彰，共同构建高质量一体化发展格局。

其次，示范区已出台多项推进区域人才一体化的具体举措。例如，管理机制方面，示范区实行"理事会＋执委会＋发展公司"的"三层次"管理架构，示范区理事会由沪苏浙两省一市政府常务副省(市)长轮值，负责研究确定示范区建设的发展规划、制度创新、改革事项、重大项目、支持政策和协调推进，截至 2021 年 6 月，示范区理事会已召开 4 次全体会议。示范区执委会由沪苏浙两省一市的工作人员共同组成，下设综合协调组、政策法规组、生态和规划建设组、营商和产业发展组、公共服务和社会发展组等 5 个工作组，统筹示范区发展规划、制度创新、重大项目、服务政策的落实实施。同时，2021 年 5 月，第三届长三角一体化发展高层论坛上，揭牌由沪苏浙两省一市同比例出资、同股同权的市场主体——长三角一体化示范区新发展建设有限公司,体现了示范区共投共建共治共享的新理念。

最后,人才一体化投入(准备)方面也开展了多个项目,教育方面,建设苏州大学未来校区、上海民办兰生复旦学校青浦分校,实施嘉善县教育品质提升工程等,此外,揭牌成立长三角生态绿色一体化发展示范区教师发展学院,推动示范区教师一体化培训的开展;医疗方面,开展长三角(上海)智慧互联网医院、复旦大学附属妇产科医院青浦分院(红房子医院)、苏州京东方医院、长三角一体化远程医疗(吴江)等项目。通过多项人才一体化举措,示范区人才竞争力不断提升,人才要素自由流动水平稳定增长,人才共享水平稳步提升。

从青浦区、吴江区和嘉善县三地对比来看,将各地 2018 年的人才一体化发展指数设为基准值 100,提升最多的为吴江区,2019 年人才一体化发展指数为 103,提升了 3 个百分点,2020 年人才一体化发展指数为 108,提升了 8 个百分点。其次为嘉善县,2019 年人才一体化发展指数为 105,提升了 5 个百分点,2020 年人才一体化发展指数为 106,提升了 6 个百分点。青浦区 2019 年人才一体化发展指数为 102,提升了 2 个百分点,2020 年人才一体化发展指数为 105,提升了 5 个百分点(见图 7-2)。自一体化示范区正式揭牌以来,“两区一县”围绕人才一体化新招频出。2020 年 6 月,青浦、吴江、嘉善三地共同签署《长三角生态绿色一体化发展示范区人才服务战略合作框架协议》,力图将长三角生态绿色一体化发展示范区打造成区域人才创新高地。青浦区和吴江区围绕人才同城共建合作共同签署了多项合作协议:联合印发的《关于在长三角生态绿色一体化发展示范区试点开展干部交流工作的实施意见(试行)》,为跨区域交流任职做出全新探索;青浦区金泽镇和吴江区汾湖高新区(黎里镇)共同签署《人才生态共享战略合作协议》,构建共建共赢共享的人才生态系统;青浦区大观园经济城和吴江汾湖高新区科创园

共同签署《人才园区战略合作共建协议》，探索互惠共享、同城服务
的共享园区。在《关于嘉兴市服务长三角人才一体化发展的意见
（试行）》和《嘉兴市服务长三角人才一体化发展行动方案（2020—
2022年）》的指导下，嘉善以重大载体、重大活动、重大平台为依托
和纽带，不断彰显和扩大其在长三角人才一体化发展中的作用和地
位，如借助嘉善国际创新中心（上海）等人才飞地项目，打造人才一
体化新高地。

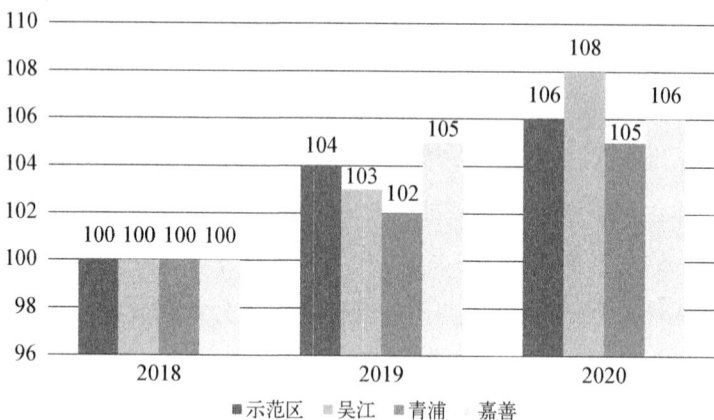

图7-2 "两区一县"人才一体化发展总体水平

7.3 示范区人才一体化发展具体表现

相较于2018年，2019年示范区人才一体化各方面发展态势良
好，人才综合实力、人才共享等具体方面均实现稳步提升。具体来
看，人才综合实力指数由96增长至98，增长率为2.08%，人才共享
指数由59增长至68，增长率为15.25%，人才共享指数相对较低，但
提升显著，增长率为人才综合实力指数的7倍多。2020年，示范区
人才一体化发展更进一步，人才综合实力指数略有增长，增长率为
0.31%，人才共享指数由68增长至84，增长率为23.53%（见图
7-3）。这在一定程度上与人才的特征密切相关，相较于产业和政策

的快速调整和出台，人才的调整和整合呈现迟滞性。同时，也与区域人才一体化发展阶段有关，区域内人才一体化的发展不能一蹴而就，而是分阶段逐步实现。人才在区域内的共享、自由流动是最高形式，只有当地区人才综合实力不断提升，人才集聚与人才扩散达到一定程度之后，才能实现区域内的人才共享。因此，人才共享指数相对较低，随着区域人才一体化投入的增长，区域人才逐步有序自由流动，共享程度不断提升。

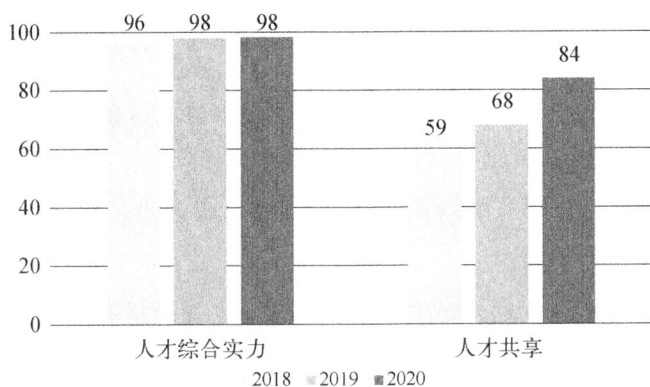

图 7-3 示范区人才一体化发展具体表现

人才综合实力的提高来源于四个方面，分别为人才投入、人才产出、人才环境和人才效益。由图 7-4 可见，人才投入、人才产出、人才环境和人才效益指数均稳步提升。其中，人才环境对人才综合实力的贡献率最高，2019 年增长率达到 3.88％，2020 年增长率达到 4.66％；其次为人才产出，2019 年增长率为 1.53％，2020 年增长率为 3.76％；再次是人才投入，2019 年增长率为 2.02％，2020 年增长率为 3.19％；人才效益对人才综合实力的贡献程度最低，2019 年增长率为 0.60％，2020 年略有所降低，增长率为 0.43％。这说明示范区人才综合实力的提高主要是由人才环境的改善、人才投入的增加、人才产出的提升拉动的，人才效益需要进一步提升。

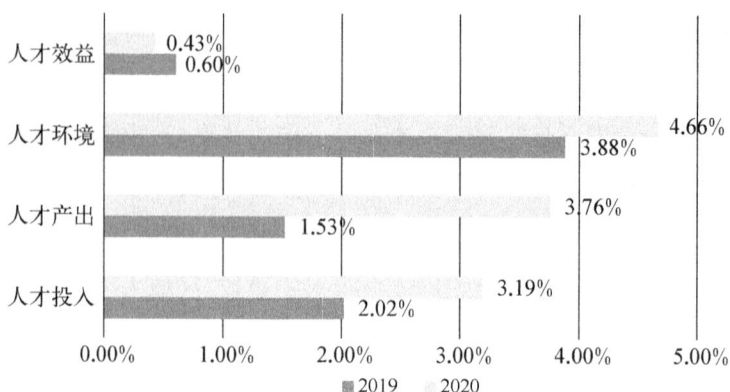

图 7-4 示范区人才综合实力指数增长率

青浦区、吴江区和嘉善县对比来看，将各地 2018 年人才综合实力指数作为基准值 100，提升速度最快的为嘉善县，2019 年人才综合实力指数为 103，提升 3 个百分点，2020 年人才综合实力指数为 104，提升 4 个百分点。青浦区人才综合实力指数略有所波动，2019 年人才综合实力指数高于吴江区，为 101，2020 年人才综合实力指数为 100。吴江区人才综合实力指数稳步提升，2019 年人才综合实力指数为 101，2020 年人才综合实力指数为 102（见图 7-5）。

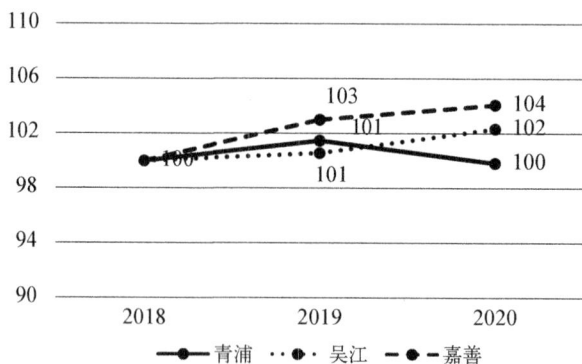

图 7-5 "两区一县"人才综合实力发展态势

同时，我们深入分析"两区一县"的人才综合实力，从构成这一二级指标的人才投入、人才产出、人才环境和人才效益四个方面分别来看。由图 7-6 可见,青浦区人才投入、人才环境和人才效益指数稳步提升,人才产出波动提升,2019 年增长率为 -0.66%,2020 年增长率为 1.96%。具体来看,2019 年人才环境对人才综合实力的贡献最高,增长率为 3.98%,其次为人才投入,增长率为 2.67%,人才效益的增长率为 0.57%。2020 年人才投入对人才综合实力的贡献最高,增长率为 6.23%,其次为人才环境,增长率为 5.36%,人才效益的增长率为 0.72%。这说明青浦区人才综合实力的提升主要依赖于人才环境的改善和人才投入的提升,人才效益和人才产出贡献较少。

图 7-6 青浦区人才综合实力指数增长率

由图 7-7 可见,吴江区人才投入和人才产出指数稳步提升,人才效益指数波动增长,人才环境指数略有降低。具体来看,2019年,人才投入和人才产出对人才综合实力的贡献相当,增长率都为 1.37%,2020 年人才产出的增长率为 2.35%,人才投入的增长率为 2.06%。人才效益在 2019 年的增长率为 0.57%,2020 年有所降低,增长率为 0.13%。这说明吴江区人才综合实力的提升主要是由人才投入增加和人才产出提升导致的,人才环境和人才效益需要进一步提升。

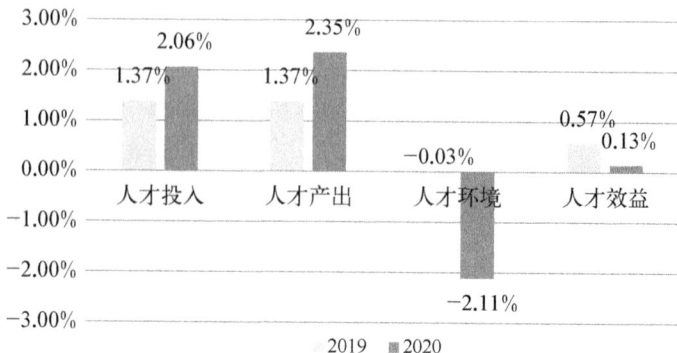

图 7-7　吴江区人才综合实力指数增长率

由图 7-8 可见,嘉善县在人才产出和人才环境方面稳步提升,人才投入和人才效益方面波动提升。具体来看,嘉善县人才环境对人才综合实力的贡献率最高,2019 年增长率达到 8.27%,2020 年增长率为 11.72%,为三地最高。其次为人才产出,2019 年增长率为 3.46%,2020 年增长率为 6.76%。再次是人才投入,2019 年增长率为 2.04%,2020 年增长率为 1.37%。人才效益的贡献率最低,2019 年增长率为 0.68%,2020 年增长率为 0.46%。这说明嘉善县人才综合实力的提升主要来源于人才环境的改善和人才产出的不断提升。综上所述,"两区一县"在人才综合实力的不同方面存在差

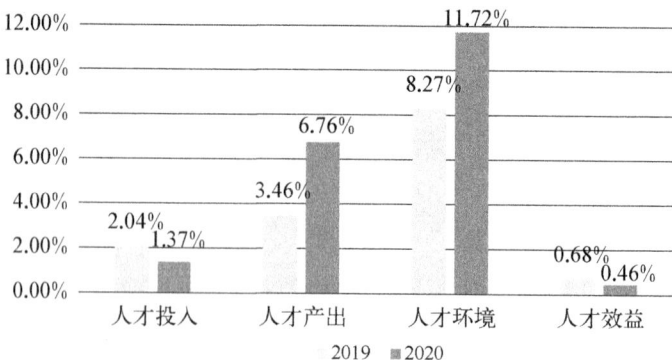

图 7-8　嘉善县人才综合实力指数增长率

异,各地应根据实际,着重提升短板,提升人才竞争力。

将青浦区、吴江区和嘉善县 2018 年人才共享指数作为基准值 100,提升速度最快的是青浦区,2019 年人才共享指数为 102,2020 年人才共享指数为 158,提升了 58 个百分点。其次为吴江区,2019 年人才共享指数为 124,2020 年人才共享指数为 143,提升了 43 个百分点。嘉善县 2019 年人才共享指数为 118,2020 年人才共享指数为 129(见图 7-9)。这说明示范区内人员合作日益密切,人才交流愈发频繁,人才共享指数上升趋势显著,未来需进一步打破壁垒,完善和推动人才要素有序自由流动。

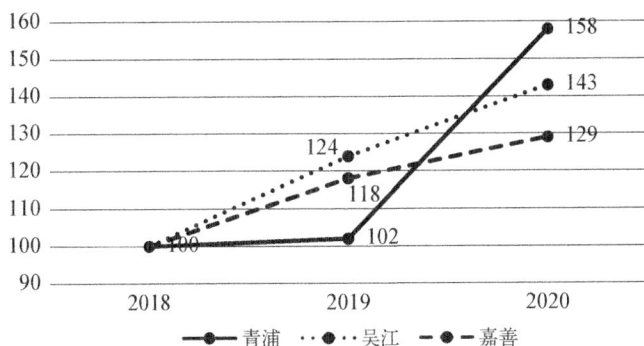

图 7-9 "两区一县"人才共享发展态势

8 人才一体化综合指数测定：以示范区为例

人才一体化综合指数的测算，既关注客观数据，对方便获取统计数据的人才一体化投入（准备）和人才共享（效果）用客观数据反映其整体发展状况，也关注重点人才群体的主观感知，对难以通过统计数据进行系统、真实的反馈的区域人才一体化合作过程，采用匿名问卷调研的方式收集重点人才群体的主观感知数据，强调人才认同感，基于客观和主观多元评价方法计算得到示范区人才一体化指数。本部分从区域人才一体化投入（准备）、合作过程、人才共享（效果）的全过程视角对示范区人才一体化指数进行综合测算，全面分析示范区人才一体化发展状况，洞悉人才综合实力、人才服务一体化、人才管理一体化、人才共享四个方面的发展现状与不足，总结有效推进示范区人才有序自由流动和实现高质量发展的制度创新，为更好地推进区域一体化发展提供依据与参考。

8.1 数据处理

示范区人才一体化指数的数据来源既包括客观统计数据也包括主观匿名问卷调研的数据。客观统计数据，主要从《上海市统计年鉴》《苏州市统计年鉴》《嘉兴市统计年鉴》中收集部分数据，并在青浦区、吴江区、嘉善县组织部的协助下，由"两区一县"的人社局、公安局、统计局等单位提供其他数据。匿名问卷调研在"两区一县"同时开展，调研对象以在示范区内生活、工作和发展的工作人员为主，对各区（县）重点园区、重点行业的重点人才群体进行调研。由于收集到的数据单位存在较大差异性，首先对指标数据的实际值进行了无量纲化处理，有效解决了各指标间的可比较问题。同时，为计算示范区人才一体化指数，对于主观数据，我们以满分（5分）作为目标值；对于客观数据，我们综合参考了世界银行、世界劳工组织、国家层面的改革和发展规划纲要、国家统计年鉴等数据或制定的目标，科学设定各指标的目标值，增强了评价体系的科学性与可比性，真实体现了示范区人才一体化发展水平及不足。之后，考虑所选取指标的相对独立性，项目组根据层次分析法确定的指标权重图，采用综合评价法中的加法合成计算得出长三角（示范区）人才一体化综合指数。

8.2　示范区人才一体化指数

8.2.1　示范区人才一体化综合指数

2020年示范区人才一体化综合指数为80分（见图8-1）。说明当前示范区人才一体化发展良好，人才综合实力不断提升，人才服务和人才管理日益完善，流动壁垒逐步消除，人才共享已实现较高水平。但示范区人才一体化依然存在着进步空间，需要深入分析亟待完善和调整的方面，总结有效推进示范区人才一体化有序自由流动和实现高质量发展的经验，探索区域人才一体化高质量发展模式和路径。

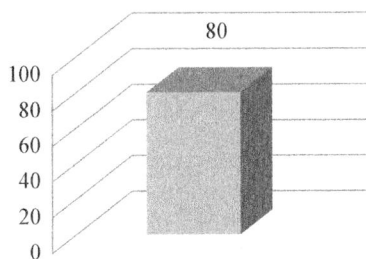

图8-1　示范区人才一体化综合指数

　　从区域人才一体化的不同方面来看(见图8-2)，人才综合实力指数得分最高，为94分。人才综合实力是人才一体化的投入(准备)阶段，是人才一体化的基础，"两区一县"在人才投入、人才环境、人才产出、人才效益等人才投入(准备)方面呈现相对优势。具体来看，青浦区、吴江区和嘉善县位于长三角区域的核心位置，经济发展水平和城市化水平较高，以城镇化水平为例，2018年"两区一县"平均城镇化率为75.17%，分别高于全国、沪苏浙两省一市约15个百分点和3个百分点。同时，居民收入水平较高，2018年"两区一县"城乡居民人均可支配收入平均为52 787.3元，远高于全国平均水平。这些都为示范区人才一体化的投入(准备)奠定了坚实的基础。

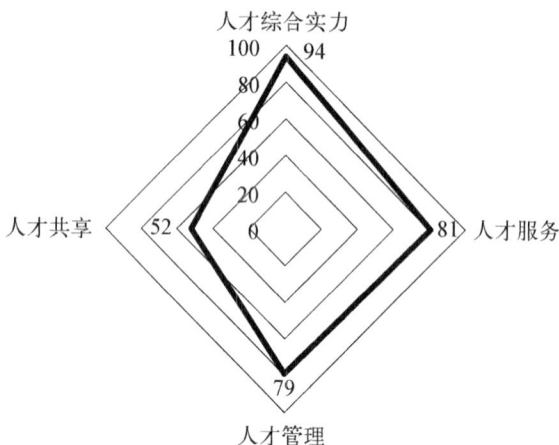

图8-2　示范区人才一体化具体指数

　　人才服务一体化指数和人才管理一体化指数得分接近，分别为81分和79分。不同利益主体协同合作的过程，是区域人才一体化的核心，通过打破行政壁垒，实现人才服务和人才管理的一体化。当前，示范区围绕人才服务一体化和人才管理一体化出台了多项政策。人才服务一体化方面，示范区已组建一体化示范区执委会，下设 5 个工作组，统筹示范区政策与项目的落实。2020 年 6 月，青浦区、嘉善县和吴江区三地医保局签署《长三角生态绿色一体化示范区医保一体化建设合作协议》，力争率先实现医疗保障领域同城化。此外，沪苏浙皖一市三省的住建部门共同签署了《长三角住房公积金一体化战略合作框架协议》，并发布了长三角公积金异地贷款缴存使用证明项目和长三角购房提取异常警示项目等首批一体化实事项目。围绕户籍制度，《中共中央、国务院关于构建更加完善的要素市场化配置体制机制的意见》提出，推动超大、特大城市调整完善积分落户政策，探索推动在长三角、珠三角等城市群率先实现户籍准入年限同城化累计互认。人才管理一体化方面，《长三角生态绿色一体化发展示范区专业技术人才资格和继续教育学时互认暂行办法》针对示范区专业技术人才，在职业资格、职称和继续教育学时三方面进行"互认"，完善人才流动机制，打破人才使用壁垒。《长三角生态绿色一体化发展示范区外国高端人才工作许可互认实施方案》，实现外国高端人才一地认定、三地互认，构建了更加开放的人才管理服务体制。

人才共享指数得分最低为 52 分。这说明当前示范区在人才共享方面处于劣势，人才流动水平不高，人才合作项目较少，人才自由流动和科研合作有待进一步提升和完善。由"两区一县"就业登记人员来看，示范区跨区就业人数较少，人才流动性有限，截至 2019 年 5 月，青浦区就业登记人员中，吴江区户籍人员为 67 人，嘉善县户籍人员为 194 人；吴江区就业登记人员中，青浦区户籍人员为 220 人，嘉善县户籍人员为 653 人。这可由区域人才一体化的阶段性解释，区域人才的自由流动是区域人才一体化的重要结果，通过资源共享、政策协调、制度衔接和服务贯通等措施，才能最终实现区域内人才的自由流动，鉴于示范区人才一体化推进时间不长，因此需要更多时间去检验各项政策的实施效果。

8.2.2 人才综合实力发展状况

从人才综合实力状况柱状图可见(见图 8-3)，示范区在人才效益、人才投入、人才产出上具有优势，指数得分分别为 0.99、0.97 和 0.87，在人才环境上呈现相对劣势，为 0.66。具体来看，示范区城乡居民人均可支配收入、全社会劳动生产率等人才效率远高于全国平均水平，教育投入、研发投入和基本社会保障投入等人才投入较多，高层次人才数量较多，但在住房和医疗等生活环境方面尚待加强。如医疗资源方面，青浦区 2018 年和 2019 年每千人医疗卫生机构床位数为 4.58 和 4.63，吴江区 2018 年和 2019 年每千人医疗卫生机构床位数为 4.79 和 5.26，嘉善县 2018 年和 2019 年每千人医疗卫生机构床位数为 4.03 和 4.84，均低于全国平均水平(6.03 和 6.30)。因此，示范区应重点关注医疗卫生等人才居住生活环境方面的改善与提升。

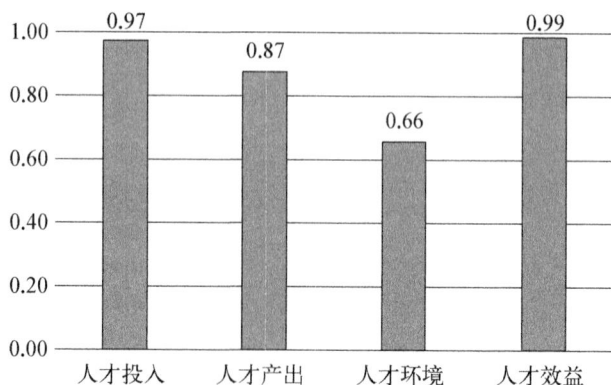

图 8-3　示范区人才综合实力发展状况

青浦区、吴江区和嘉善县三地对比来看(见图 8-4)，吴江区在人才综合实力的各个方面都表现良好，人才产出、人才投入、人才环境和人才效益均优于其他两地。青浦区在人才投入和人才效益方面表现较好，在人才产出和人才环境方面处于劣势，为三地最低。

嘉善县与青浦区趋势一致，在人才投入和人才效益方面表现较好，人才产出与人才环境需要进一步提升。

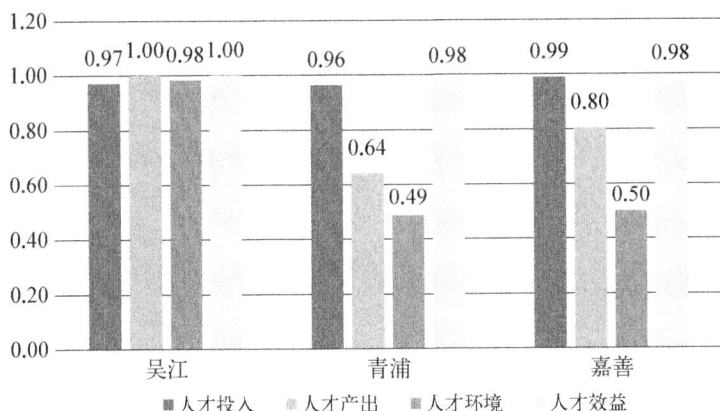

图8-4　"两区一县"人才综合实力发展状况

8.2.3　人才服务一体化发展状况

从人才服务一体化发展状况雷达图可见（见图8-5），示范区在平台服务和社会保障指数上具有优势，在中介服务指数上处于劣势。三地对比来看，吴江、青浦、嘉善在中介服务指数方面均表现不佳，特别是吴江区中介服务指数最低（见图8-6）。具体来看，示范区已组建一体化示范区执委会，统筹示范区发展规划、制度创新、重大项目、服务政策的落地实施。同时，围绕社会保障，示范区已开展多项政策创新，如示范区已率先实现医保一卡通2.0，三地人才异地门急诊就医无需备案可直接刷卡结算；沪苏浙皖住建部门共同签署了《长三角住房公积金一体化战略合作框架协议》，推动长三角住房公积金一体化加速落地；《中共中央、国务院关于构建更加完善的要素市场化配置体制机制的意见》提出推动超大、特大城市调整完善积分落户政策，探索推动在长三角、珠三角等城市群率先实现户籍准入年限同城化累计互认，力图增强区域户籍制度协调性。但在中介服务方面，示范区人力资源服务机构规模有限、人力资源服务从业人员较少，未建立融合互通的区域人才市场。以人力资源从业人员为例，2019年青浦区每万人中人力资源从业人员为15.98人，吴江区每万人中人力资源从业人员为4.24人，嘉善县每万人中人力资源从业人员为4.73人，吴江区和嘉善县都低于全国平均水平(4.82人)。因此，示范区应关注人力资源服务业的发展，完善人才跨区域流动的市场机制。

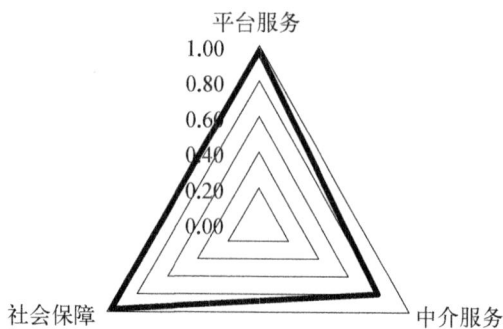

图8-5　示范区人才服务一体化发展状况

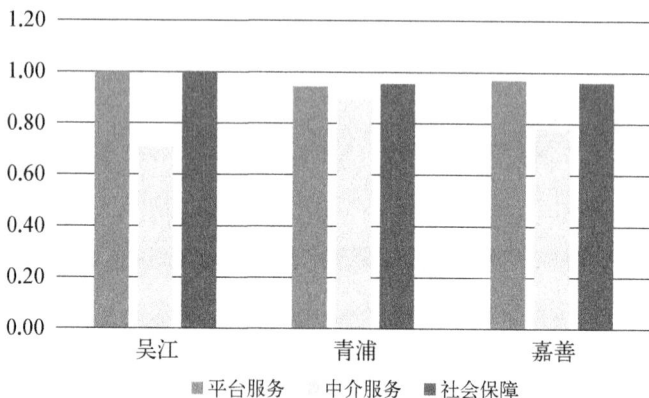

图8-6　"两区一县"人才服务一体化发展状况

8.2.4　人才管理一体化发展状况

从人才管理一体化发展状况柱状图可见(见图8-7)，示范区人才激励指数和人才认定指数非常接近，人才认定指数略高。当前示范区围绕职业资格和技术等级认定、人才评价标准等进行一系列制度创新,助推人才要素一体化。如一体化示范区执委会联合两省一市人力社保部门出台了《长三角生态绿色一体化发展示范区专业技术人才资格和继续教育学时互认暂行办法》,针对示范区专业技术人才,在职业资格、职称和继续教育学时三方面进行"互认",完善人才流动机制,打破人才使用壁垒。一体化示范区执委会联合沪苏浙科技外专部门联合发布了《长三角生态绿色一体化发展示范区外国高端人才工作许可互认实施方案》,实现外国高端人才一地认定、三地互认,构建了更加开放的人才管理服务机制。

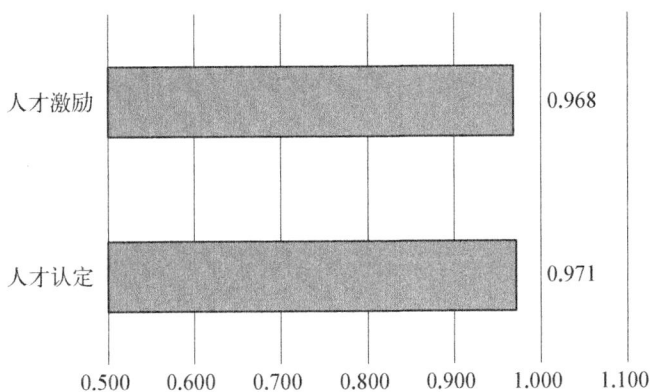

图 8-7　示范区人才管理一体化发展状况

8.2.5　人才共享发展状况

从人才共享状况折线图可见(见图 8-8),示范区人才流动指数与科研合作指数均较低,且相较科研合作指数,示范区人才流动指数呈现相对劣势。受户籍、地域、人事关系等限制,示范区人才流动有限,跨省、跨区就业人数较少。一方面,部分高层次人才不愿流动到上海之外的地区;另一方面,流动至上海的高层次人才在子女教育、社保等生活领域受到诸多限制。同时,示范区内科研合作平台缺乏,科技交流合作较少。为推动区域人才一体化最终目标的实现——区域人才共享，一方面，要积极探索多样化的人才柔性流动方式，有效缓解地区间、单位间人才特别是高层次人才分布不均衡的问题；另一方面，亟须加强区域间科技合作力度，搭建区域人才合作的科技载体和平台，关注区域内合作申请专利，加强区域技术交易等，以载体和平台带动人才的流动转移，加速区域知识成果和技术成果积累，促进区域人才共赢共享，实现区域经济一体化和高质量发展。

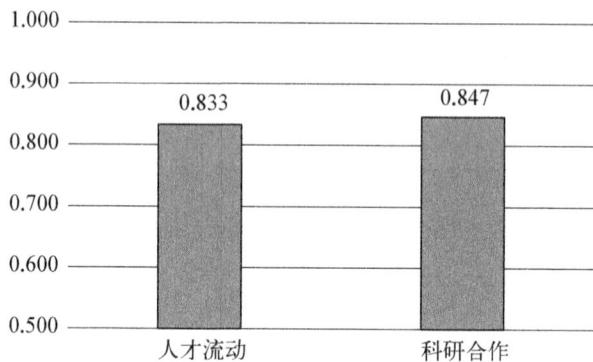

图 8-8   示范区人才共享发展状况

9 推进区域人才一体化发展的政策建议

作为一项演进中的政策和制度创新,区域人才一体化是落实中央人才工作会议精神、赋能区域高质量发展和实现共同富裕的重要保障。系统、科学地评价区域人才一体化发展,为特定区域内人才要素一体化发展主动建言,协助特定区域人才一体化精准施策,从而助力区域实现高质量发展和共同富裕,这是本研究的初心。本部分基于理论研究和实证调查,系统总结了区域人才一体化发展中的经验和突出问题,并就区域人才一体化进一步的发展建言献策。

9.1 区域人才一体化发展：成效及问题

人才一体化是支撑区域一体化高质量快速推进,构建"双循环"新发展格局的重要一环。本研究在已有研究的基础上,基于I-P-O过程逻辑模型,聚焦人才导向,构建了区域人才一体化评价指标体系,运用层次分析法(AHP)确定指标权重,并结合调研数据对长三角生态绿色一体化示范区的人才一体化发展状况进行了评价。一方面,有效弥补了现有评价指标维度失衡、指标选取单一、覆盖面过窄、缺乏理论支撑的不足;另一方面,聚焦人才导向,从人才视角对其政策感受度进行评价,构建了主客观指标相结合的综合评价指标体系。研究结果显示,示范区人才一体化指数呈现稳定增长态势,人才综合实力不断提升,人才服务一体化和人才管理一体化日趋完善,流动壁垒逐步消除、人才共享已实现较高水平。同时,示范区人才一体化依然存在进步空间,不平衡现象依然存在：一方面表现为,人才一体化地区间不平衡现象依然存在,青浦区、吴江区和嘉善县发展存在差异；另一方面表现为,示范区人才一体化不同维度间也存在不平衡,在人才综合实力、人才服务一体化和人才管理一体化方面具有优势,在人才共享方面呈现相对劣势。

在人才综合实力方面,由目前发展状况来看,示范区在人才投入、人才产出、人才效益方面优势明显,在住房、医疗等人才环境方面尚待进一步提升。由增长趋势来看,人才环境的改善、人才投入的增加、人才产出的提升有效拉动了示范区人才综合实力,人才效益提升速度较慢。青浦区、吴江区和嘉善县三地对比来看,"两区一县"在人才综合实力的不同方面存在差异,吴江区相对表现良好,青浦区亟待提升人才产出,嘉善县人才综合实力正稳步提升,但人才产出与人才环境依然落后于示范区平均水平。在人才服务一体化方面,示范区在平台服务和社会保障方面具有优势,在人力资源服务机构和从业人员等中介服务方面具有相对劣势,示范区应关注人才跨区域流动市场机制的完善。其中,异地子女入学是人才重点关注的方面,也是得分较低的方面。在人才管理一体化方面,示范区围绕人才认定和人才激励进行了制度创新,人才激励和人才认定方面发展态势均衡,未来应持续关注人才评价标准、职业资格和技术等级认定、培训、评审等方面,构建更加开放的人才合作共享机制。在人才共享方面,示范区人才流动指数与科研合作指数均较低,缺乏跨区科技合作交流平台,人才跨区就业人数较少,无论是人才"表层"共享还是"深层"共享均处于起步阶段。由增长趋势来看,青浦区提升速度最快,其次为吴江区、嘉善县。示范区应进一步打破人才跨区流动壁垒,构建人才跨区流动平台,完善和推动人才要素有序自由流动。

关于示范区人才一体化工作推进的主观评价,接受调研的重点人才群体对长三角(示范区)的人才一体化工作评价很积极,对目前生活和发展的满意度也很高。同时对继续留在示范区或长三角工作,以及推介人才来示范区或长三角工作都表达了积极的态度。从实际感受及未来行为倾向中可以看出示范区在人才服务、人才管理、人才共享等人才一体化工作方面是卓有成效的。从"两区一县"对比来看,吴江区人才对示范区和长三角未来发展的信心更强,继续留在长三角和示范区工作的意愿更加强烈,对长三角和示范区一体化工作的满意度也最高。在针对"您认为长三角人才一体化工作推进中迫切需要解决的问题是什么"这一开放式问题中,人才最为关注的示范区人才一体化工作推进的问题聚焦于子女教育、住房、交通、社保等与其生活密切相关的领域,同时也关注了政策制定、政策宣传、进程加快等方面。人才一体化是一项复杂的系统工作,示范区需对人才密切关注的问题进行针对性的完善,提升人才对于一体化的感知度和满意度。

总体来说,当前示范区人才一体化水平不断提升,人才一体化工作也获得了重点人才群体的充分认可,但依然存在着一些问题。这些问题不仅仅是长三角或示范区单独存在的问题,而是区域人才一体化推进过程中普遍面临的问题。若这些问题没有得到解决,人才流动存在壁垒,人才一体化推进受阻,就有可能造成现有人才的流失。只有深入分析和解决这些问题,才能显著提升区域人才一体化程度,畅通人才要素自由流动渠道,吸引更多优秀人才,充分激发人才活力,进而支撑区域一体化高质量快速推进,构建"双循环"新发展格局。基于已有研究和对示范区人才一体化进程的了解,有助于进一步分析区域人才一体化推进中存在的问题。

9.1.1 区域产业结构有待协同

区域经济一体化与区域人才一体化紧密联系在一起，产业结构决定人才需求，人才开发应围绕产业结构开展，只有实现产业结构与人才结构相互匹配，才能有效推动区域整体经济的发展。当前一体化区域内部产业结构相似性较高，以长三角为例，区域内产业同质化现象突出，三省一市的主导产业前十位，重合度达到60%，其中，浙江和江苏的重合度达到70%以上。同质化的产业导致地区间的人才竞争大于合作，各地纷纷采取一系列优惠举措吸引和争夺人才，甚至出现恶性竞争、互挖人才的现象，一地出台了某项人才新政后，会被迅速地复制模仿，如各地纷纷出台的"人才新政"，政策相似度非常高。这种"碎片化"的人才治理模式，一方面受到各自为政的体制机制的影响，地方政府仅关注短期利益和局部利益，担忧本区域的人才流失，缺乏对区域一体化发展的全局意识。同时，在晋升锦标赛模式下，地方政府关注自身绩效目标的实现，关注自身利益的最大化，对高科技、高附加值产业趋之若鹜，力图吸引高层次人才，谁都不愿意从事"低端"产业，长三角多个城市的"十四五"规划都将高科技和高附加值的生命健康、智能装备制造、电子信息等作为重点发展产业，这些必然导致人才需求的同质化。

因此，推动一体化区域的发展需要立足全局高度，合理规划产业布局，推动区域内部各个城市分工协作，产业结构协同，进而形成各自专业化、功能化的比较优势，实现人才资源的有效配置。这种产业结构的变迁，必然存在"阵痛"，损害某些地区的利益，面临公平性困局，需要构建相应的利益补偿机制进行整体协调。

9.1.2 人才生活环境有待优化

人才环境的好坏，决定了对人才的吸引力。只有打造适宜的立体人才生态系统，才能广泛集聚人才，激发人才活力，释放人才效能,为区域经济社会发展提供充足的人才保障。特别是,随着生活水平的提升,人才,尤其是高端人才非常关注住房、教育、医疗等生活环境。然而,一体化区域内部住房、教育、医疗等人才密切关注的生活环境的发展不均衡,降低了对人才的吸引力,影响了人才流动,阻碍了区域人才一体化进程。以本研究重点关注的示范区为例,通过对人才综合实力的深入分析,我们发现示范区在人才环境方面处于相对劣势。例如,在住房保障方面,当前示范区人才公寓的建设,无论是数量还是质量均无法充分满足人才的入住需求。在医疗服务方面,示范区存在缺乏高端医疗保健服务、医院服务水平较低等问题。在人才尤为关注的子女教育方面,资源供给基础薄弱,缺少高水平、国际化的学校。因此为了提升区域人才综合实力,吸引或留住优秀人才,需要进一步优化人才生活环境。

9.1.3 人才市场化机制有待完善

区域人才一体化的有效推动既需要发挥政府的主导作用,也需要关注市场化机制的完善,充分发挥"看不见的手"的作用。当前,人才市场分割现象突出,尚未形成有效的人才市场价格机制,人才评价标准不统一,人才中介行业发展不成熟,这些都影响了人才的有序自由流动,无法形成区域人才的优势互补。同时,人才评价的社会化、市场化机制不完善,尚未完全建立以能力和业绩为导向的人才激励和保障机制,未能充分发挥市场主体在人才评价中的基础性作用和主导性作用,且一体化区域内部人才评价标准缺乏一致性。此外,人才中介无论是机构数量还是从业人员素质均存在问题,未形成产业化发展趋势。以本研究重点关注的示范区人才一体化为例,基于对示范区人才服务一体化和人才管理一体化的深入分析,发现当前示范区在人才中介服务方面处于相对劣势。示范区内缺少以人才招聘与培训、管理咨询等为重点的人力资源服务机构,人力资源服务从业人员也较少,未能围绕人才招聘、人事代理、人才派遣业务等领域建立融合互通的区域人才市场。此外,示范区人才评价标准、职业资格和技术等级认定也未能实现充分互认,三地人才市场处于相对分割状态,阻碍了区域人才自由流动,人才市场化机制需要进一步完善,构建一个调控有效、信息畅通、功能完备、统一开放的人才大市场,有效提升区域整体实力。

9.1.4 人才流动渠道有待畅通

区域一体化进程中,区域内人才资源、人才服务、人才政策等存在较大差异,特别是户籍制度、社会保险、职业资格和技术等级认定等行政壁垒的存在,严重阻碍了区域内的人才流动。本研究对一体化示范区的分析发现,当前示范区人才流动有限,科研合作平台缺乏、科技合作交流较少,无论是人才"表层"共享还是"深层"共享均处于起步阶段。具体来说,示范区内人才流动有限,跨省、跨区就业人数较少,同时,有效的人才交流合作需要建立在有效聚集人才的高能级科技创新载体之上,示范区内科研合作平台较少,缺乏人才交流合作的高能级平台。这说明各个区域虽然已经开展了多项人才一体化合作,但围绕政策协调、服务贯通等"深水区"方面的合作较少,地区间、部门间协调性较差,人才流动受到政策、制度的阻碍,未能实际解决户籍、子女入学、住房、社会保障等人才流动的"暗礁"。特别是户籍与政治、经济、文化教育等各项权利挂钩,具有丰富的"附加值",户籍制度带来的流动壁垒进一步阻碍了人才的流动。因此,如何消除阻碍人才有序自由流动的制度障碍,畅通人才流动渠道,同时,搭建科技创新创业平台,为人才跨区流动提供平台支持,对推动人才一体化发展,打造人才一体化新高地,实现真正的人才有序自由流动具有重要意义。

9.1.5 人才信息平台有待构建

从信息化建设的角度来看,当前区域人才一体化的信息化建设不均衡、不充分现象突出。一方面,由于各地经济发展水平不同,地区间信息化发展水平不均衡。有的地方信息化水平较高,已经初步建立起人力资源服务平台和人才信息化平台,有的地方则发展相对缓慢,"数字鸿沟"成为突出问题;另一方面,各地信息建设的一体化程度较低,不同部门间的人才信息数据相对分散,一体化区域内部的人力资源服务和人才信息化平台也未能充分实现数据共享。以示范区为例,当前示范区缺乏人才信息共享平台,无法满足示范区发展的市场化和信息化需求。具体来说,示范区内尚未建立统一的人才数据平台,人才信息不对称,导致人力资源难以实现不同区域间的有效配置。可能导致人才流动无序和混乱,人才难以找到合适的岗位,难以实现人尽其用。因此,搭建区域人才信息资源库,对于满足区域人才市场对人才信息的多元化需求,实现区域人才资源的有效整合和利用具有重要意义。

9.1.6 人才共享观念有待转变

观念作为人们内心深处的看法、态度与价值取向,决定了人们的行为。区域人才一体化进程中,无论地方政府、用人单位还是人才个体,对人才共享存在一定程度的误解和担忧,缺乏合作动力。从地方政府角度来看,区域人才一体化是否会影响当地人才的培养和引进,特别是经济发达程度较低、人才相对匮乏的地区,担忧人才一体化会进一步加剧本地区的人才流失。从用人单位的角度来看,区域人才一体化是否能提升本单位的经济效益,是否会导致本单位人才的流失。从人才角度来看,区域人才一体化是给自己的生活带来更多的便利、职业发展更多的空间,还是加剧了工作竞争?这种单位化、地域化的人才观念根深蒂固,抑制了合作积极性。因此,区域人才一体化的有效推动,依赖于人才一体化、人才共享观念的转变,需要一场"思想革命",从"零和博弈"转向"非零和博弈",正如弗雷德里克·温斯洛·泰罗(Frederick Winslow Taylor,1984)指出的那样:"双方不再把注意力放在盈余分配上,不再把盈余分配看作是最重要的事,将注意力转向增加盈余的数量上,使盈余增加到使如何分配盈余的争论成为不必要。"

此外,需要强化人才一体化政策的宣传,这是构建人才共享观念的重要手段。课题组在调研中发现,部分人才对于示范区人才一体化各项政策措施认识程度不够,对人才一体化工作推进的满意度较低。这可能由于当前人才一体化的宣传主体比较单一、宣传不及时等问题,导致人才未能充分了解到最新政策举措。需要强化区域人才一体化政策的宣传,通过充分认识和了解区域人才一体化,增强区域合作动力,助力观念变革,从"分蛋糕"转向"将蛋糕做大"。因此,如何增强区域人才一体化高地的影响力,吸引人才,尤其是高端人才,同时增强区域内人才对一体化政策的感知度是相关部门亟须思考的。

9.2 政策建议

2020年8月,习近平总书记在扎实推进长三角一体化发展座谈会上指出"要紧扣一体化和高质量两个关键词,以一体化的思路和举措打破行政壁垒、提高政策协同,让要素在更大范围畅通流动,有利于发挥各地区比较优势,实现更合理分工,凝聚更强大的合力,促进高质量发展"。人才作为第一资源已成为广泛共识,并深入人心。2021年9月底的中央人才工作会议上,习近平总书记进一步强调,综合国力竞争说到底是人才竞争。人才是衡量一个国家综合国力的重要指标,在新发展格局当下,人才自然也是区域高质量发展的关键。可以说,特定区域内的人才一体化将直接影响区域一体化高质量发展。由此,应结合人才要素特征,破解阻碍要素流动的障碍,推动区域人才有序自由流动、实现区域人才一体化。

基于人才要素特征,如人才具有高附加值、集聚效应突出、自主性/能动性、"人才主权"意识凸显等,区域人才一体化工作的推进应遵循以下基本原则:一是系统性。人才工作是一项"牵一发而动全身"的系统性工程,如何联动各方、综合考虑人才一体化工作各链条的衔接性与完整性,是未来人才一体化工作必须明确的问题。二是战略性,人才一体化不是同质化、同构化,战略性部署和规划区域产业结构,构建具有前瞻性、战略性、协同互补的产业发展格局,是推进区域人才一体化工作的关键。三是实证性,从实际问题出发,开展调研,深入了解区域人才一体化工作中的痛点、难点,有针对性地解决调研中发现的问题。

因而,基于对区域人才一体化面临的问题与挑战的深入分析,依据系统性、战略性、实证性的推进原则,本研究提出要从以下几个方面推动人才要素的有序自由流动和高效集聚,实现区域人才一体化,助推新发展格局下的高质量发展,促进共同富裕。

9.2.1　坚持党管人才原则,完善区域人才一体化统筹协调机制

坚持党对人才工作的全面领导是中央人才工作会议明确总结出的有关我国人才事业发展规律性认识的一条宝贵经验,要始终坚持并不断丰富发展。而区域人才一体化的推动毋庸置疑地需要坚持党管人才原则,由顶层设计出发,强化制度建设、建立协调机构,并构建相应的配套机制,统筹协调区域人才一体化的深度合作。具体来说,第一,坚持党管人才原则。党管人才,就是管宏观、管大局、管战略、管政策,探索统筹规划、协调发展的人才管理体制机制。不断完善区域人才工作领导小组运行决策机制,构建党委统一领导,

有关部门协调配合的区域人才工作新格局。同时,建立健全人才引进工作的政府工作人员的激励机制,提升广大从事人才工作的干部干事创业的精气神和积极性。第二,制度建设是区域人才一体化合作的基础和保障,努力推动区域人才一体化发展的法治化建设,制定区域内人才流动相关的法律法规,消除城市间人才自由流动的制度障碍。第三,加快建立区域人才合作协调机构,强化区域协调管理,负责协商和监督重大合作事项的推进,综合协调各方意见,评估一体化工作的质量和效果。以示范区为例,示范区构建了"理事会＋执委会＋发展公司"的管理建构,理事会由沪苏浙两省一市政府常务副省(市)长轮值,负责重大事项的协调与推动。执委会由沪苏浙两省一市的工作人员共同组成,下设综合协调组、政策法规组、生态和规划建设组、营商和产业发展组、公共服务和社会发展组等5个工作组。同时,两省一市同比例出资、同股同权成立了长三角一体化示范区新发展建设有限公司。各项工作的推进都离不开人才！因此,未来可考虑围绕区域人才合作,明确协调三地人才相关工作的工作组,统筹区域内人力资源的开发与规划,进一步加强人才政策制定协商和经验信息交流。第四,探索相应的配套机制,如人才合作利益共享机制、利益补偿机制等,强化区域合作动力。利益一体化是区域一体化的内在驱动力和核心,可以说,区域人才一体化的动力源于自身的利益需求,是基于一体化成本和收益权衡的理性选择。在区域人才一体化进程中,利益失衡现象不可避免,在一定时期内,某些地方可能会快速地获取一体化收益,因而积极性较高,而另外一些地方可能会遭受利益损失,如人才的流失,因而积极性较低。这种利益的不均衡阻滞了区域人才一体化的整体进展,因此,亟须构建人才一体化的利益共享和利益补偿机制,充分调动各方积极性,推动人才政策的规范化管理和协调运作,实现人才有序自由流动。如针对地方政府,健全区际利益补偿机制,通过财政转移支付、政策补偿、项目资助、智力补偿等多样化方式对合作收益少、成本高的地方政府进行补偿；针对用人单位，对积极参与区域间人才合作和交流的单位在职称评定、经费保障等方面予以照顾；针对人才个体，对共享的人才给予绩效考核、职称评定等方面的政策倾斜和适当的物质奖励。

9.2.2 深化产业结构协同，优化人才队伍结构

人才一体化与经济一体化紧密联系在一起，经济一体化依赖于人才一体化，人才一体化应紧紧围绕经济一体化开展，因此，区域人才一体化的推动应深化产业结构的协同，充分发挥市场机制的作用，构建跨区域产业链，解决产业同构问题，推动人才结构"错位"配置实现"互补"，而不是片面追求人才结构的完整，进而走出区域人才一体化的"深水区"，在深度合作方面取得实质性突破和阶段性成效。具体来说，首先，根据各地资源禀赋和发展定位，合理规划区域产业布局。差异化、互补化的产业结构能够推动区域内不同城市的分工协作，形成各自专业化、功能化的比较优势，构建各自的人才高地，让城市间的合作大于竞争，构成区域人才一体化合力，提升区域人才吸引力，推动人才要素的有序自由流动，实现区域人力资源的高效配置。其次，制定区域层面的人才规划。区域规划是区域管理与协调的有效工具，从国家战略高度考虑区域人才发展，明确区域人才发展的年度目标和中长期目标，确立各地的人才重点领域，并根据发展需要及时更新，发挥人才对区域经济发展的引领带动作用。最后，依据区域人才规划，制定区域层面的人才专项计划。根据自身产业发展状况，统一谋划，确定未来发展的主导产业，形成详细完备的产业地图，并据此制定主导产业的人才地图，精准引进区域发展所需的各类人才，提升对所需人才的吸引力，优化人才队伍结构。

9.2.3　优化人才生活环境，全面提升生活质量

环境是吸引、集聚人才的关键，良好的生活环境能够降低人才流动的成本，充分发挥人才效能，通过一系列举措打造人才立体生态系统，充分优化人才生活环境，全面提升人才生活质量，增强人才对一体化区域的归属感和认同感，有效增加人才一体化的推动力。第一，要加强基础设施建设。基础设施是吸引人才的硬件，围绕交通、园林绿化、路灯照明、环卫设施、海绵城市等领域，加大基础设施建设力度，提升国际化水平，建设便利、先进、宜居的硬环境。同时，关注自然环境治理。坚持生态筑底、绿色发展的基本原则，将生态绿色嵌入到区域发展中，实现可持续、有特色地绿色发展，促进人与环境协调共生。第二，改善人才住房环境。人才，尤其是高端人才对于生活品质的要求较高。以自建、租赁、改建等多种形式建设人才公寓，完整配备软硬件设施，充分考虑教育、医疗、交通便捷等配套，构建有文化、有品位、有温度的人才公寓，充分满足各类人才的住房需求，解决人才后顾之忧。第三，不断"扩容"优质教育资源，通过引进高品质国际化学校、培育"新优质学校"等多种方式，满足区域内产业集聚、人才集聚带来的高层次、多元化教育需求。第四，针对医疗资源短缺、医疗服务能级不够等问题，一方面，积极推动区域内高水平医疗机构医疗资源的联动共享，鼓励社会资本设立合资合作医疗机构；另一方面，积极推动区域内医院创建三甲，从多方面推动区域医疗资源的有效提升。

9.2.4　构建市场调配机制，实现人才有效配置

区域人才一体化的推动既需要充分发挥政府的引导作用，通过政府间的合作与协调，制定相应政策，引导和促进区域人才一体化的发展，也需要关注市场的基础性作用，通过消除各种市场壁垒，保障人才要素在区域内的有序自由流动，可以说，充分发挥市场作用

是实现人才有效配置,促进地区经济发展,进而实现区域一体化发展的重要基础。具体来说,首先,要构建融合互通的区域人才市场。统筹协调公益性人力资源市场和商业化运作的人力资源市场:一方面,构建区域内统一的公益性人力资源市场,整合人才市场、劳动力市场、毕业生市场等,贯通业务,逐步整合,破除行政壁垒带来的市场分割;另一方面,规范管理商业人力资源服务机构,实施统一的许可和备案管理办法,统一市场准入门槛、统一行业服务标准。其次,推动区域人力资源服务机构的发展。微观层面的人才流动依赖于市场化的人力资源服务机构。引进一批以人才招聘与培训、管理咨询、专利保护、技术转移、项目孵化等业务为重点的人力资源服务机构,特别是国内外知名的人力资源服务机构,提升人力资源服务从业者的数量和质量,提高人力资源服务的质量和效率,实现人力资源服务产业的集聚发展,用市场化机制有序调配人才要素自由流动。最后,以区域现实之需,通过各种灵活柔性的引才方式吸引全球各类人才。可以区域联合推出具有全球竞争力的一揽子引才新举措,打破壁垒、灵活引才,体现区域广召天下英才的开放姿态,提升区域整体吸引力,打响区域引才品牌效应。在实际调研中,部分专家在引才方式的问题上提到,引才工作重点如何从"引进个人"向"引进团队"转变、如何从"引进科技人才"向"引进各领域人才"转变等问题尤其需要得到有效解决。通过对人才团队的引进将会实现人才裂变,最大限度地提升了人才引进工作的效能,也最大限度地释放了人才发展活力。同时,深刻认识到其他领域人才的重要性,比如国际销售人才、国际金融人才、人力资源管理人才等。

9.2.5 构建一体化服务体系,降低人才流动成本
实现区域内人才的有序自由流动,需要构建一体化服务体系,

推动区域内公共服务的对接，消除户籍、子女入学、住房、社会保障等人才流动的"暗礁"的限制，健全人才要素畅通流动机制，为人才在区域内自由流动提供良好环境与体验，实现其合理流动、有效配置。首先，积极推动人才一体化服务工作的法治化建设。围绕医疗、教育、社保、积分落户等人才一体化服务的各个环节，研究制定相应的管理条例，推进区域人才服务的规范化、程序化和法治化，依法保护区域内人才的合法权益。其次，建立统一标准、统一口径的人才服务事项规范。在梳理现有人才服务事项的基础上，逐步推进人才服务事项的异地通办。同时基于大数据的智能政府服务体系，积极推动"互联网＋行政审批"的服务方式，实现一网通办，提高工作效率和服务质量，营造优质高效的服务环境。最后，逐步消除户籍、子女入学、住房、社会保障等社会公共服务对人才自由流动的制约。特别是针对"附加值"丰富的户籍制度，依据《中共中央、国务院关于构建更加完善的要素市场化配置体制机制的意见》，推动超大、特大城市调整完善积分落户政策，探索区域内户籍准入年限同城化累计互认。同时，根据分层分类原则，逐步推进区域内基本社会公共服务的对接，消除人才流动的壁垒。探索建立"人才绿卡"制度，符合特定条件的人才，经一体化管理机构审核后，能够畅通享受子女入学等方面的政策优惠，降低人才跨区域流动成本。

9.2.6 深化人才认定改革，畅通自由流动渠道

统一的人才考核标准与评价体系，能够畅通人才要素流动渠道，激发人才活力，推动人才在区域内的有序自由流动。首先，积极推动区域内职业资格、职称、技术等级互认，畅通人才自由流动渠道。统一区域内职业资格考试合格标准和职称评审标准，允许跨区域注册执业。共享继续教育资源，互认继续教育学时、证书。

推进专业技术任职资格和职业技能等级互认,区域内就业无需重新评价技能。其次,推动人才评价标准的统一。设立区域内人才认定机构,并充分发挥用人主体的作用,出台适应产业发展的动态性人才认定标准,经审核后,人才能够畅通享受区域内的人才优惠政策与服务。如针对外国高端人才的认定,一体化示范区已出台《长三角生态绿色一体化发展示范区外国高端人才工作许可互认实施方案》,可在此基础上,逐步扩充人才互认范围。同时,改革传统的政府主导型人才评价机制,适当下放权力,发挥多元评价主体的作用,并针对不同类别人才采用不同评价体系。同时,科学设置人才评价的周期,突出中长期目标导向,充分发挥人才特别是基础研究人才的潜力。

9.2.7 建立信息共享平台,高效共享人才资源

区域人才信息共享是实现人才资源有效配置、充分发挥人才效能的基础,通过建立人才信息共享平台,能够打破区域间的人才信息壁垒,奠定区域人才一体化的信息化基础。首先,构建现代人力资源开发与共享所需的技术支撑系统。人才信息的高效共享需要技术的支撑,以多级联网的现代信息系统为基础,政府主导建立涵盖整个区域范围内人力资源数据和微观层面动态信息的技术支撑系统,以开放、动态、高效的原则整合区域内的人才信息资源,提升人才管理效率。其次,构建覆盖面广、时效性强的人力资源信息大数据平台,打破区域间人才信息孤岛,提高区域人才共享效率。一是通过绘制区域人才供求地图、分布地图,加强对区域人才资源的整体认识和统筹规划。二是实现人才信息的有效分类,按行业、类型、等级等对人才进行分类,建立覆盖整个区域的技能人才信息数据库、工程技术人才信息库、职业经理人信息库、党政干部人才信息库等,实现人才网络互联,并及时掌握用人单位需求,定期发布紧缺

人才目录,实现人才供给与需求的有效对接。三是依据大数据平台,开展区域人才供需预测,及时调整人才政策、产业政策优化区域人才结构。四是以统一规划、统一标准、统一口径来收集、整理和发布人才政策、人才管理、人才服务、人才招聘与培训相关的信息,满足区域市场对人才信息的多元化需求,保障区域内人才工作信息的互联互通。

9.2.8 转变人才共享观念,加大政策宣传力度

区域人才一体化的有效推动,需要破除唯单位、唯地域论的人才观,转变人才共享观念,培育"共引、共育、共享、共赢"的人才一体化理念,激发合作积极性。同时,要加强人才一体化的政策宣传,帮助人才充分认识和了解区域人才一体化,增强区域人才一体化高地的吸引力和影响力,有效推动区域人才一体化建设。具体来说,首先,要加强宣传平台建设。依靠区域人才信息共享平台,将人才政策、人才服务、办事指南等进行分类公开,为区域内人才提供便利的同时,也会促进人才对区域发展的认知,增强区域整体对于人才的吸引力。同时,充分利用媒体平台,如微信公众号、微博等新媒体平台,报纸、期刊等传统媒体平台,及时发布最新的人才政策、人才规划等,以期获得反馈,推动政策的实施落地。其次,多样化宣传模式。一方面,邀请专家学者、政府部门工作人员,对区域人才政策、人才规划的背景、目标和未来发展前景进行宣讲;另一方面,利用招聘会、宣传册、宣传片、报纸、网络等宣传资源进行全方位、立体化的宣传。如积极参加大型招聘会,以区域整体的名义开设招聘专区。在人流量密集的区域放置区域人才政策宣传册,方便人才随时查阅。在城市地标性广告牌投放一体化区域宣传片,增强区域一体化的影响力。

人才作为能动性强的战略性资源,是支撑区域一体化高质量快

速推进的关键要素。人才一体化既是区域一体化发展的内在要求，是支撑区域一体化发展的重要保障，又是检验区域一体化成效的重要标准。本研究在区域人才一体化相关理论的基础上，基于 I - P - O 过程系统模型，聚焦人才导向，构建了区域人才一体化评价体系，并结合调研数据对示范区的人才一体化发展状况进行评价，深入研究了区域人才一体化面临的问题与挑战，在此基础上，为推动区域人才有序自由流动、实现区域人才一体化出谋划策。正如 2003 年签署的《长江三角洲人才开发一体化共同宣言》所指出的："我们坚信，一切不利于人才一体化发展的观念都要革新；一切不利于人才一体化发展的做法都要抛弃；一切不利于人才一体化发展的体制都要变革。我们愿意共同努力，携手共进，为促进长江三角洲人才开发一体化作出各自的贡献。"

附 录 一

"示范区"人才一体化发展
主观评价(*样表*)

一、请根据以下语句提醒,结合当前个人真实感受进行评价:

(1—非常不同意,2—不同意,3—无意见,4—同意,5—非常同意)

- 据我了解,人才一体化协调机构发布了许多推动一体化的有效
  政策　　　　　　　　　　• □1　□2　□3　□4　□5

- 我感觉示范区具有有效的人才信息共享网络
  　　　　　　　　　　　　• □1　□2　□3　□4　□5

- 据我了解,社会保险(如养老保险、医疗保险等)能够在示范区内
  顺畅转移接续　　　　　　• □1　□2　□3　□4　□5

- 我感觉示范区内异地就诊,医保待遇与参保地一致
  　　　　　　　　　　　　• □1　□2　□3　□4　□5

- 据我了解,居住证能够在示范区内互认
  　　　　　　　　　　　　• □1　□2　□3　□4　□5

- 我感觉示范区内技能人才评价标准一致
  　　　　　　　　　　　　• □1　□2　□3　□4　□5

- 我认为示范区内职业资格和技术等级认定标准一致
  　　　　　　　　　　　　• □1　□2　□3　□4　□5

- 我认为示范区内企业人才的薪酬标准一致
  - □1　□2　□3　□4　□5
- 据我了解,示范区内同类人才住房补贴方式一致
  - □1　□2　□3　□4　□5

二、请根据以下语句提醒,结合当前个人真实感受进行评价:

- 我对示范区人才一体化工作的推进很有信心(1—非常没有信心,2—没有信心,3——般,4 有信心,5—非常有信心)

  □1　□2　□3　□4　□5

- 我对长三角人才一体化工作的推进很有信心(1—非常没有信心,2—没有信心,3——般,4 有信心,5—非常有信心)

  □1　□2　□3　□4　□5

- 如果可能的话,未来我会推介亲戚、朋友或其他业务伙伴来示范区工作(1—非常不愿意,2—不愿意,3—不确定,4 愿意,5—非常愿意)　□1　□2　□3　□4　□5

- 如果可能的话,未来我会推介亲戚、朋友或其他业务伙伴来长三角工作(1—非常不愿意,2—不愿意,3—不确定,4 愿意,5—非常愿意)　□1　□2　□3　□4　□5

- 未来我会继续留在示范区工作(1—非常不愿意,2—不愿意,3—不确定,4 愿意,5—非常愿意)　□1　□2　□3　□4　□5

- 未来我会继续留在长三角工作(1—非常不愿意,2—不愿意,3—不确定,4 愿意,5—非常愿意)　□1　□2　□3　□4　□5

- 总体而言,您在示范区生活与发展的感受如何?(1—非常不满意,2—不满意,3—无意见,4 满意,5—非常满意)

  □1　□2　□3　□4　□5

- 总体而言,您对示范区人才一体化工作的评价如何?(1—非常不满意,2—不满意,3—无意见,4 满意,5—非常满意)

  □1　□2　□3　□4　□5

- 总体而言，您对长三角人才一体化工作的评价如何？（1—非常不满意，2—不满意，3—无意见，4 满意，5—非常满意）

  □1　□2　□3　□4　□5

三、您认为长三角人才一体化工作推进中迫切需要解决的问题是什么，请简要罗列出来**最迫切**需要解决的 1—3 个方面问题。

_____

_____

_____

附 录 二

长三角（示范区）人才一体化发展
大事记（截至 2021 年 7 月）

2018 年

11 月

- 习近平总书记在首届中国国际进口博览会开幕式上发表主旨演讲，宣布支持长江三角洲区域一体化发展并上升为国家战略。

2019 年

1 月

- 上海、江苏、浙江、安徽三省一市签署《长三角地区市场体系一体化建设合作备忘录》。

2 月

- 青吴嘉三地联合发布《青浦、吴江、嘉善 2019 年一体化发展工作方案》。

5 月

- 习近平总书记主持召开中央政治局会议，审议《长江三角洲区域一体化发展规划纲要》。

9 月

- 2019 中国浙江星耀南湖·长三角精英峰会暨第二届 G60 科创走廊人才峰会召开,签署《深化 G60 科创走廊九城市人才交流合作协议》。

11 月

- 沪苏浙两省一市共同召开长三角生态绿色一体化发展示范区建设推进大会,示范区、示范区理事会、示范区执委会揭牌。
- 国家发展改革委印发《长三角生态绿色一体化发展示范区总体方案》。

12 月

- 中共中央、国务院印发《长江三角洲区域一体化发展规划纲要》。
- 青吴嘉三地政务服务"一网通办""自助通办"取得实质性进展,151 台综合自助终端在一体化示范区内完成布设,首批 758 项事项纳入通办范围。

2020 年

3 月

- 长三角一体化示范区执委会会同央行上海总部等 12 个部门出台《关于在长三角生态绿色一体化发展示范区深化落实金融支持政策推进先行先试的若干举措》,金融服务"同城化"全面启动。

5 月

- 长三角一体化示范区执委会、沪苏浙两省一市经信部门联合印发《长三角生态绿色一体化发展示范区先行启动区产业项目准入标准(试行)》,在全国首次实现了跨省级行政区域执行统一的产业项目准入标准。

6月

- 青吴嘉三地组织部门共同签订《长三角生态绿色一体化发展示范区人才服务战略合作框架协议》。

- 沪苏浙两省一市联合印发《关于支持长三角生态绿色一体化发展示范区高质量发展的若干政策措施》，围绕改革赋权、财政金融支持、用地保障、新基建建设、公共服务共建共享、要素流动、管理和服务创新、组织保障等方面，提出了 22 条具体政策措施。

- 2020 年长三角地区医保一体化工作座谈会召开，青吴嘉三地医保局签署《长三角生态绿色一体化示范区医保一体化建设合作协议》，沪苏浙两省一市医保局签署《长三角地区跨省医疗保险关系转移接续业务联办合作协议》。

- 2020 年度长三角地区主要领导座谈会在浙江湖州举行。

8月

- 长三角一体化示范区执委会、沪苏浙两省一市教育部门，召开"示范区职业教育一体化建设方案"新闻通气会，发布《长三角生态绿色一体化发展示范区职业教育一体化平台建设方案》。

- 上海、江苏、浙江、安徽三省一市住建部门共同签署《长三角住房公积金一体化战略合作框架协议》，并发布首批一体化实施项目，包括长三角公积金异地贷款缴存使用证明项目和长三角购房提取异常警示项目。

- 习近平总书记在合肥主持召开扎实推进长三角一体化发展座谈会并发表重要讲话，强调要紧扣一体化和高质量两个关键词，抓好重点工作，推动长三角一体化发展不断取得成效。

- 青吴嘉三地率先实现医保一卡通"2.0 版"，异地门急诊就医无需备案即可直接刷卡结算。

- 长三角生态绿色一体化发展示范区首届开发者大会召开。

9月

- 长三角一体化示范区执委会、沪苏浙两省一市科技外专部门联合发布《长三角生态绿色一体化发展示范区外国高端人才工作许可互认实施方案》。

- 中共中央政治局常委、国务院副总理韩正主持召开推动长三角一体化发展领导小组全体会议。

- 沪苏浙两省一市人大常委会分别表决通过《关于促进和保障长三角生态绿色一体化发展示范区建设若干问题的决定》。

10月

- 长三角一体化示范区执委会、沪苏浙两省一市人力社保部门联合发布《长三角生态绿色一体化发展示范区专业技术人才资格和继续教育学时互认暂行办法》。

- 长三角（上海）智慧互联网医院启用运行。

- 第三届长三角G60科创走廊人才峰会召开，签订《长三角G60科创走廊九城市人才联合培训合作协议》《长三角G60科创走廊九城市技能人才合作共建协议》《长三角G60科创走廊九城市人力资源产业园联盟章程》。

11月

- 推动长三角一体化发展领导小组办公室印发《关于复制推广长三角生态绿色一体化发展示范区第一批制度创新经验的通知》，将示范区第一批制度创新经验向长三角省际毗邻区域以及全国相关区域复制推广。

12月

- 长三角一体化示范区执委会、沪苏浙两省一市金融管理部门，共同发布《长三角生态绿色一体化发展示范区银行业金融机构同城化建设指引》，是国内首个跨省域银行业金融机构同城化建设指导性文件。

2021 年

1 月

- 长三角一体化示范区执委会会同上海、江苏、浙江、安徽三省一市科技部门联合发布《关于开展长三角科技创新券通用通兑试点的通知》。

3 月

- 推动长三角一体化发展领导小组办公室印发《长江三角洲区域公共服务便利共享规划》。

- 长三角一体化示范区执委会、沪苏浙两省一市市场监管等有关部门联合发布《关于在长三角生态绿色一体化发展示范区强化知识产权保护推进先行先试的若干举措》,是中国首个跨省域强化知识产权保护的指导性文件。

4 月

- 长三角一体化示范区执委会印发《长三角生态绿色一体化发展示范区数字人民币试点工作方案》,明确了 10 个跨区域数字人民币试点场景。

5 月

- 长三角一体化示范区执委会、沪苏浙两省一市自然资源主管部门共同发布《长三角生态绿色一体化发展示范区不动产登记"跨省通办"工作方案》。

- 长三角一体化示范区执委会,沪苏浙两省一市发展改革部门,苏州市、嘉兴市人民政府共同发布《长三角生态绿色一体化发展示范区重大建设项目三年行动计划(2021—2023 年)》,明确示范区近期重大建设项目的任务书和时间表。

- 上海公积金中心在示范区试点提取住房公积金偿还异地购房贷款业务。

- 2021 年度长三角主要领导座谈会召开,会议期间举办的第三届长三角一体化发展高层论坛上，揭牌长三角第一家由沪苏浙两省一市同比例出资、同股同权的市场主体——长三角一体化示范区新发展建设有限公司。

- 扩充异地就医免备案范围，实现示范区异地就医结算全领域免备案，覆盖示范区内所有 85 家医疗机构。
- 长三角生态绿色一体化发展示范区教师发展学院揭牌成立，推动示范区教师一体化培训。
- 青吴嘉三地政府签署跨省授权通办合作协议，共同启动长三角一体化示范区"跨省通办"综合受理服务窗口。

6 月

- 中共中央政治局常委、国务院副总理韩正主持召开推动长三角一体化发展领导小组全体会议。
- 长三角区域合作办公室印发《长三角地区一体化发展三年行动计划（2021—2023 年）》《三年行动计划重点合作事项清单》《长三角区域一体化发展 2021 年度工作计划》。
- 长三角一体化示范区执委会印发《长三角生态绿色一体化发展示范区机械专业高级工程师职称联合评审工作方案》，明确由示范区执委会、苏浙沪两省一市人社部门共同组建高级工程师职称联合评审委员会。

7 月

- 在长三角一体化示范区执委会指导下，青吴嘉三地联合开展以社保卡为载体的"一卡通"服务管理机制，启动试点"同城待遇"体验。

主要参考文献

［1］白俊红,卞元超.要素市场扭曲与中国创新生产的效率损失[J].中国工业经济,2016(11):39 - 55.

［2］陈红霞,席强敏.京津冀城市劳动力市场一体化的水平测度与影响因素分析[J].中国软科学,2016(02):81 - 88.

［3］陈文理.区域公共产品的界定及分类模型[J].广东行政学院学报,2005(02):34 - 37.

［4］董晓峰,史育龙,张志强,李小英.都市圈理论发展研究[J].地球科学进展,2005(10):1067 - 1074.

［5］房乐宪.新功能主义理论与欧洲一体化[J].欧洲,2001(01):13 - 20+107.

［6］房乐宪.政府间主义与欧洲一体化[J].欧洲,2002(01):81 - 90+112.

［7］郭庆松.人才共享机制:区域经济一体化的最佳选择[J].人才开发,2006(11):14 - 16.

［8］郭庆松.长三角人才共享机制:问题与对策[J].社会科学,2007(05):21 - 27.

［9］蒋春燕,赵曙明.知识型员工流动的特点、原因与对策[J].中国软科学,2001(02):86 - 89.

［10］李峰,徐付娟,郭江江.京津冀、长三角、粤港澳科技人才流动模

式研究——基于国家科技奖励获得者的实证分析[J/OL].科
学学研究：1-19[2021-08-02].https：//doi.org/10.16192/
j.cnki.1003-2053.20210319.002.

[11] 李福华,赵普光.人力资本产权视野中的高校人才柔性流动
[J].高等教育研究,2008(10)：46-51.

[12] 李瑞林,骆华松.区域经济一体化：内涵、效应与实现途径
[J].经济问题探索,2007(01)：52-57.

[13] 刘帮成,唐宁玉.基于I-P-O模型的都市圈建设过程中人才
一体化开发战略研究[J].华东经济管理,2008(04)：27-31.

[14] 刘帮成.嘉兴市人才发展蓝皮书2016[M].上海：上海交通大
学出版社,2016年.

[15] 马新建.人力资本属性与人才资源流动[J].南京社会科学,
1999(03)：21-26.

[16] 宁本荣.国际视野中的长三角人才资源共享——以伦敦、纽约
与东京大都市圈人才资源共享为例[J].上海行政学院学报,
2007(04)：90-97.

[17] 宋成一,刘盈盈.国内人才共享研究述评[J].西北民族大学学
报(哲学社会科学版),2019(03)：136-144.

[18] 孙健,尤雯.人才集聚与产业集聚的互动关系研究[J].管理世
界,2008(03)：177-178.

[19] (美)泰罗.科学管理原理[M].胡隆昶,冼子恩,曹丽顺,译.北
京：中国社会科学出版社,1984.

[20] 夏琛桂,石金涛.我国都市圈人才流动的研究框架：集聚、扩散
与共享——以我国长三角都市圈为例[J].管理现代化,2008
(02)：48-50.

[21] 中央教育科学研究所.徐特立教育文集[M].北京：人民教育出
版社,1979.

[22] 姚先国.关于人力资本的几个基本问题[J].浙江树人大学学报,2003(01):24-26.

[23] 张弘,赵曙明.人才流动探析[J].中国人力资源开发,2000(08):4-6.

[24] 张同全.人才集聚效应评价指标体系研究[J].现代管理科学,2008(08):83-84+104.

[25] 张伟.都市圈的概念、特征及其规划探讨[J].城市规划,2003(06):47-50.

[26] 周邦慧.柔性管理:新经济时代的新人力资源管理[J].科学管理研究,2001(03):60-62+67.

[27] 周鹤林,汪安佑.知识经济时代人力资源管理的特点与高校科技管理创新[J].科学管理研究,2002(05):53-56.

[28] 朱杏珍.人才集聚过程中的羊群行为分析[J].数量经济技术经济研究,2002(07):53-56.

[29] Balassa B. The theory of economic integration[M]. London: Allen and Unwin, 1962.

[30] Best E. Capacities for regional integration: Conceptual framework for comparative analysis [J]. Free Trade Agreements and Customs Unions: Experiences, Challenges and Constraints, TACIS/European Commission-EIPA, Maastricht, 1997: 51-75.

[31] Feiock R C. Rational choice and regional governance[J]. Journal of Urban Affairs, 2007, 29(1): 47-63.

[32] Feiock R C. The institutional collective action framework [J]. Policy Studies Journal, 2013, 41(3): 397-425.

[33] Hansen R D. Regional integration: Reflections on a decade of theoretical efforts[J]. World Politics, 1969, 21(2): 242-

271.

[34] Hoffmann S. Obstinate or obsolete? The fate of the nation-state and the case of Western Europe[J]. Daedalus, 1966: 862 - 915.

[35] McCormick J. Understanding the European Union: a concise introduction[M]. London: Macmillan Press, 1999.

[36] Schultz T. W. Investment in human capital. American Economic Review, 1961, 51(1), 1 - 17.

[37] Schultz T. W. Investment in Human Capital: The Role of Education and of Research[M]. New York: The Free Press, 1971.

[38] Sweeney J P. The first European elections: neo-functionalism and the European Parliament[M]. Boulder: Westview Press, 1984.

[39] Tinbergen, J. International Economic Integration[M]. Amsterdam: Elsevier, 1954.

后　记

　　在上海市软科学基地上海市创新政策评估研究中心、嘉兴市委组织部、嘉善县委组织部的共同支持下，本人及团队成员张莹、陈鼎祥等共同完成了本书。在此，首先对上述机构提供的支持和资助表示最诚挚的谢意！

　　此时此刻，我要特别感谢给予本书原始创作灵感和动力的朋友们，他们分别是盛杰非、张敏（嘉兴市委组织部）、沈伟强、张润纯、关淼嘉（嘉善县委组织部），正是他们的丰富管理经验和远见卓识提醒我和团队关注新发展格局下的区域人才一体化发展这一重要议题。

　　区域人才一体化发展是一个新现象、新问题，可直接借鉴的前期研究和实践寥寥无几，我们遵循一般认知规律，从实践中的关键问题出发，查阅浩瀚的理论文献，寻觅解决问题的可能理论基础，并在此基础上再次投入到当下正在轰轰烈烈发生的实践中去开展调查研究。为此，在这里，还要特别感谢给予整个调查研究提供便利的长三角一体化示范区内三地（即上海青浦区、江苏吴江区、浙江嘉善县）的组织部门、统计部门、重点园区管委会和典型人才汇集平台负责运营的朋友们以及人才代表们，感谢为现场调研和二手数据查阅提供的大量便利和支持。

同时，还要感谢我们工作和学习所在的上海交通大学以及国际与公共事务学院领导和同事们的理解、帮助和支持！

最后，我要感谢上海交通大学出版社的工作人员，特别是本书的编辑吴芸茜女士和孙敏女士，正是她们的不懈努力和大力支持才使得本书顺利出版！